INTEGRALE PSYCHOLOGIE

Rainer Eggebrecht

Integrale Psychologie
Ein ganzheitlich-methodenoffener Ansatz

*mit präzisen Informationen, anregenden Beiträgen
und wahrnehmungsorientierten Übungen der Focusing-
Methode*

Bibliografische Information der Deutschen Nationalbibliothek
Die Deutsche Nationalbibliothek verzeichnet diese Publikation
in der Deutschen Nationalbibliografie; detaillierte bibliografische
Daten sind im Internet über http://dnb.d-nb.de abrufbar.

© 2021 Rainer Eggebrecht
Umschlagdesign, Satz, Herstellung und Verlag:
BoD – Books on Demand
ISBN 978-3-7534-5081-0

Rainer Eggebrecht ist Gründer und Leiter des »Instituts für integrale Gesprächs- und Focusingtherapie« (igf). Als Max-Planck-Stipendiat promovierte er über »Interkulturelle Kommunikation«. Seit 1990 bildet er Trainer, Coaches und Therapeuten in Gesprächstherapie und Wahrnehmungsschulung (Focusing) aus.

An der Semmelweis-Universität Budapest lehrte er deutschsprachige Studenten der Medizin moderne Psychotherapieverfahren und Focusing. Er beriet renommierte Unternehmen, darunter Bertelsmann (als Mitbegründer des »100-Tage-Trainings für Führungskräfte«), Ritter Sport u. a.

Dr. Eggebrecht hat sein Ausbildungskonzept immer methodenoffener weiterentwickelt und vertritt heute eine kritisch-integrale Perspektive. Als offizieller Focusing-Koordinator für Deutschland leitet er Fortbildungen in integralem Denken und Focusing, Achtsamkeitsschulung und Entscheidungsfindung. Er wurde 2013 in die Liste der »Top Excellent Trainers« (Deutschland, Österreich, Schweiz) aufgenommen.

In diesem Buch verbindet er empirisch-wissenschaftliches Denken und geistig-spirituelle Erkenntnissuche zu einer ganzheitlich-integralen Sichtweise, um aktiv zur Förderung eines positiven empathischen Bewusstseins beizutragen.

Dieses Buch vereint unterschiedliche Spezialdisziplinen – auf das Wesentliche konzentriert – und zeigt Möglichkeiten auf, wie wir auch in Zeiten permanenter gesellschaftlicher Krisen und medialer Überinformation unser Leben mit schöpferischer Energie und Lebensfreude bewältigen können.

Der Autor wünscht Ihnen ein erkenntnisreiches, nachhaltiges und lebensbejahendes Lesevergnügen!

GLIEDERUNG

EINLEITUNG

In diesem Buch werden wichtige psychologische Sichtweisen verständlich und auf das Wesentliche konzentriert dargestellt und in kleinen Übungen vertieft. Dabei blicken wir über den Tellerrand klassisch psychologischer Forschungsmethoden hinaus in eine lebenswürdige Zukunft, in der wissenschaftliche, psychologische und spirituelle Erkenntnisse integral zusammenwirken.

Gerade in Krisenzeiten ist es wichtig, unterschiedlichste Informationen auf einer individuellen wie kollektiven Ebene zusammenzufügen. Statt zu fragen, welcher Ansatz richtig und welcher falsch ist, berücksichtigen wir aus integraler Sichtweise, dass (fast) jeder Ansatz einen gewissen Wahrheitsaspekt aufweist, dieser aber oftmals einseitig übertrieben wird. Wir versuchen daher zu verstehen, wie diese Teilwahrheiten zusammenpassen und wie wir sie integrieren können, statt uns für eine Sichtweise zu entscheiden und die anderen zu verwerfen.

Wir stehen vor der Aufgabe, uns zu erinnern, dass unser Leben ein kreativer Ausdruck des Lebens als Ganzes ist. Schon die Antike unterschied verschiedene Sichtweisen von Wirklichkeit, die sich gegenseitig bedingen und zusammenwirken:

Das Wahre: Naturwissenschaft, Technik, messbare Daten.
Das Schöne: subjektives Erleben, Psychologie, Spiritualität.
Das Gute: Kultur, Sprache, Weltsicht, Ethik, Moral.
»Ich« (Selbsterleben), »Wir« (Kultur) und »Es« (Wissenschaft) stehen
dabei gleichberechtigt nebeneinander.
Systemische, soziologische und philosophische Facetten ermöglichen
zudem ein tieferes integrales Verständnis unserer gesamten mensch-
lichen »Körper-Geist-Seele«-Wirklichkeit.

Integrales Denken: Die Wissenschaft entdeckt zunehmend, dass das
Universum verschränkt und verwoben ist auf eine Art und Weise,
die wir rational nicht begreifen können. Moderne Astrophysik hat
aufgezeigt, dass das Universum nur zu einem Sechstel (16 %) aus Materie besteht.
Fünf Sechstel (84 %) sind »dunkle Materie« (besser wäre: »unsichtbare
Materie«!), die sich objektiver wissenschaftlicher Erklärung entzieht.
Das Universum und die Wirklichkeit umfassen also wesentlich mehr,
als es die materialistische Vorstellung nahelegt.
Es gibt Dimensionen der Wahrheit, die von den Naturwissenschaften nicht berührt werden können. Daher werden wir neben natur-
wissenschaftlich-quantitativen Methoden zunehmend auch qualita-
tive Sichtweisen mitberücksichtigen. Wir sollten beide Perspektiven
gleichzeitig wertschätzen!
Wenn wir eine gegenseitige Wechselwirkung zulassen, dann verwerfen wir nicht die Wissenschaft an sich, sondern erweitern ihre Perspektive und erhalten so ein besseres Verständnis der gesamten Wirklichkeit. Damit können wir unserem objektiven Geist, der Daten will,
Genüge tun und zugleich unsere subjektiven Erfahrungen von Einheit
und ganzheitlicher Wahrnehmung der Wirklichkeit integrieren. Eine
solche erweiterte integrale Sichtweise ermöglicht einen Zugang zu Informationen über unsere Wirklichkeit, die wir nicht alleine durch unsere fünf Sinne gewinnen können.

Durch zunehmende Schulung eines Empfindens von Mitgefühl und Verbundenheit mit unseren Mitmenschen, der Natur und dem Kosmos – ohne irgendeine Form von doktrinärer Ideologie –könnten wir bereits in jungen Jahren in der Erziehung und in den Schulen beginnen, eine Haltung zu kreieren, die beide Seiten dieses Verständnisses, das materialistische und das post-materialistische, auf eine wundersame Weise integriert.

Das Grundkonzept dieses Buches basiert auf dieser integral-umfassenden Anwendung.

Besonders betont werden hierbei die Grundhaltungen von Kongruenz, Akzeptanz und Empathie, wie sie von Carl Rogers (humanistische Psychologie) und seinem Nachfolger Eugene Gendlin (Focusing) klar formuliert wurden.

Wissenschaftlich-psychologische Erkenntnisse werden im Folgenden in ihren Grundzügen fundiert dargestellt, wobei die qualitativ-verstehende Komponente für die eigene Sinnfindung stets den umfassenderen Rahmen bildet.

Einleitende persönliche Anmerkungen

Als junger Max-Planck-Stipendiat lernte ich auf einem wissenschaftlichen Kongress in Bad Homburg den Quantenphysiker und alternativen Friedensnobelpreisträger Hans-Peter Dürr kennen, der den »Mut zur Unexaktheit« betonte: *»Die Wirklichkeit ist noch unendlich offener als jede wissenschaftliche Erklärung – selbst als jede quantenphysikalische Erkenntnis.«* Und: *»Mit jedem Gedanken wird das Universum größer.«*

Bei einer Podiumsdiskussion in Schloss Nymphenburg bestätigte mir Hans-Peter Dürr öffentlich, dass ein integral-offener Psychologieansatz durchaus den Forschungsergebnissen der Quantenphysik entspricht: Denn physikalisch gesehen sind die wahren Bausteine des Universums nicht Materie, sondern Energie und Information.
Und die wahren Bausteine der Wahrnehmung sind nicht unbewusste, irgendwie verdrängte Inhalte, sondern oft diffuse Befindlichkeiten, welche sich durch achtsame Wahrnehmung in einem kreativen Akt als Gefühle, Bilder, Gedanken und Körperempfindungen »explizieren« (= ausfalten) – also neu und sich verändernd im Bewusstsein entstehen.

So wie elektronenmikroskopische Untersuchungen das zu untersuchende Objekt beeinflussen und verändern, so beeinflusst auch die Art und Weise, wie wir uns wahrnehmen, immer schon das Ergebnis!

Ich wünsche Ihnen eine interessante, anregende Lektüre!

Rainer Eggebrecht, im Frühjahr 2021

KAPITEL 1:
Kurze Darstellung der humanistischen Psychologie
(Carl Rogers)

In jeder wissenschaftlichen und psychologischen Methode gibt es Techniken und Grundhaltungen. Diese Werte nennt man in der Philosophie »Axiome« – Grundüberzeugungen, auf die man sich geeinigt hat und die nicht mehr in Frage gestellt werden dürfen. Unser Grundgesetz besteht aus Axiomen, zum Beispiel: »Die Würde des Menschen ist unantastbar« (wie weit dies tatsächlich voll umgesetzt wird, ist eine andere Frage). Axiome der Psychologie sind Einfühlung, Akzeptanz und Authentizität.

Carl Rogers, der Begründer der Klientenzentrierten Therapie (in Deutschland auch »Humanistische Psychologie« genannt), hat diese Grundwerte deutlich formuliert. In einem berühmt gewordenen Diskurs aus den fünfziger Jahren des letzten Jahrhunderts standen sich zwei Auffassungen vom Menschen unversöhnlich gegenüber: Skinner (der Begründer der Verhaltenstherapie) behauptete, der Mensch sei manipulierbar und damit »machbar«. Carl Rogers hingegen behauptete, der Mensch sei frei und autonom.

Doch statt zu fragen, welcher Ansatz richtig oder falsch ist, erkennen wir heute aus integraler Perspektive, dass jeder Ansatz wahr – aber nicht vollständig ist. Nun können wir herausfinden, wie die Teilwahrheiten zusammenpassen und wie man sie integrieren kann, statt sich für eine zu entscheiden und die andere zu verwerfen.

Carl Rogers betont, dass seelische Gesundheit eng mit einem Zustand der Kongruenz (Echtheit) verbunden ist: Wenn das Selbst-Konzept nicht mit der Erfahrung von Wirklichkeit übereinstimmt (Rogers nennt dies »organismische Erfahrung«), führt dies zu Inkongruenz und Spannungen. In erster Linie geht es darum, diese Grundhaltungen möglichst effektiv zu verwirklichen: Echtheit, nicht urteilende

Wertschätzung (Akzeptanz) sowie Empathie – im Sinne von einfüh-
lendem Verstehen und Erfassen des inneren Bezugsrahmens unseres
Gegenübers. Die Art und Weise, wie Menschen sich erleben, wird als
entscheidender Faktor des personzentrierten Ansatzes gesehen.

Echtheit (Kongruenz): Die erste Bedingung der personzentrierten Haltung ist Echtheit, Unverfälschtheit oder Kongruenz. Je mehr man in
einer Beziehung man selbst ist, das heißt, keine professionelle Atti-
tüde und keine persönliche Fassade zur Schau trägt, desto größer ist
die Wahrscheinlichkeit, dass auch unser Gegenüber versucht, sich so
zu verhalten und damit auf konstruktive Weise zu wachsen.
Kongruenz erlaubt es, offen Gefühle und Einstellungen wahrzunehmen, die einen selbst bewegen, also Zugang zu dem zu haben, was innerlich in einem abläuft, und real als Person anwesend zu sein – was
jedoch nicht bedeutet, dass man sich ständig mitteilt.
Ruth Cohn beschreibt dies treffend: »Nicht alles, was echt ist, muss
ich sagen, aber was ich sage, sollte echt sein!« (mündliche Mittei-
lung).

Einfühlsames Verstehen (Empathie): Dies ist der zweite förderliche Aspekt – die Fähigkeit, Erlebnisse und Gefühle genau und sensibel zu
erfassen. Diese Art des sensiblen, aktiven Zuhörens ist selten in unserem Leben. Wir glauben oft zuzuhören, aber es geschieht selten mit
wirklichem Verständnis und echter Einfühlung. Nach Rogers ist diese
ganz besondere Art des Zuhörens eine der mächtigsten Kräfte der
Veränderung, die es gibt.

Wertschätzen (Akzeptanz): Die dritte Voraussetzung ist das Akzeptieren (das Anerkennen dessen, was ist – auch wenn es uns stört). Akzeptieren bedeutet nicht, jede Äußerung oder Verhaltensweise unseres
Gegenübers gutzuheißen oder zu billigen. Hier stößt man sowohl als
Helfer wie auch als Privatperson an seine eigenen Grenzen, die man
selbst akzeptieren und bestehen lassen muss.

Der Weg ist ebenso wichtig wie das Ziel: Die personorientierte Haltung, die auf diesen drei Bedingungen beruht, ist nichts Statisches, das man lernt und dann »hat«, sondern ein Ziel, das man in einem fortlaufenden Lernprozess immer wieder neu anstrebt.

Dadurch erfahren wir vielleicht auch, wie es ist, uns selbst zu transzendieren, und aktivieren unsere Fähigkeit, neue spirituelle Richtungen der menschlichen Entwicklung zu erschließen.

Kurze Wahrnehmungs- und Besinnungsübung:

Setzen Sie sich entspannt hin und lassen Sie einfühlsam – und ohne irgendeinen Leistungsanspruch – folgende Frage auf sich wirken:

Wer in meinem Leben hat mir mal wirklich zugehört?

Bleiben Sie ein oder zwei Minuten einfach offen in Ihrer Wahrnehmung – ganz gleich, welche Erinnerungen, Gedanken, Bilder, Gefühle oder Körperempfindungen entstehen.

Vielleicht ist es eine diffuse Mischung aus alledem – nehmen Sie einfach alles wahr.

KAPITEL 2:
Logische Erkenntnisse der Kommunikationspsychologie

Die Kommunikationspsychologie wurde in den sechziger Jahren des letzten Jahrhunderts durch Paul Watzlawick und Friedemann Schulz von Thun einem breiten Publikum zugänglich gemacht. Sie bietet logische Grundlagen zum Verständnis polar-gegensätzlicher Begrifflichkeiten und Kommunikationsstörungen – und ist damit auch für integrales Denken von Bedeutung.
Ein wichtiges Modell daraus ist das Werte-Rechteck.

Darstellung des Werte-Rechtecks

Menschliches Verhalten ist polar. Unsere kognitiven Denkstrukturen sind so angelegt, dass es von jeder Eigenschaft immer auch einen Gegenpol gibt: friedlich – konfliktfähig; großzügig – sparsam; ich-bezogen – sozial; alleine – zusammen usf.

Beispiel:

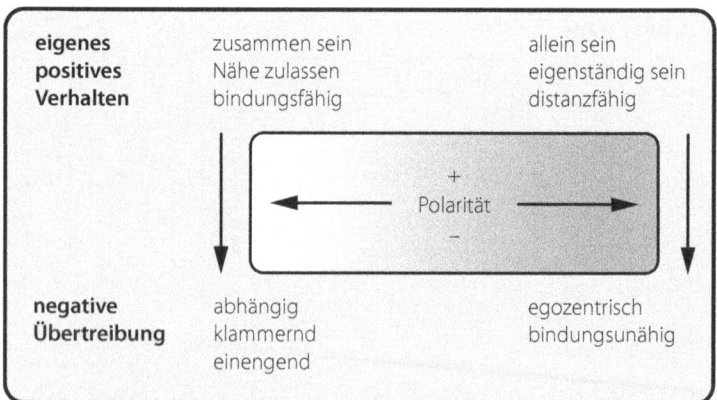

eigenes positives Verhalten	zusammen sein Nähe zulassen bindungsfähig	allein sein eigenständig sein distanzfähig
	+ Polarität –	
negative Übertreibung	abhängig klammernd einengend	egozentrisch bindungsunähig

Erkenntnis 1: Wir denken in Gegensätzen.

Erkenntnis 2: Jede Polarität weist immer zwei Ausprägungen auf: eine positive und eine ins Negative übertriebene.

Erkenntnis 3: Eine Eigenschaft ist dann positiv, wenn sie noch einen Bezug zur Polarität aufweist (heller »Schatten«). Ansonsten neigt sie zur Übertreibung und gerät damit ins Minus, da ihr das Korrektiv der Gegenseite fehlt (dunkler »Schatten«).

Beispiel: Ja-Sagen ist nur dann positiv, wenn man bei Bedarf auch Nein sagen kann. Wenn Nein-Sagen »im (dunklen) Schatten liegt« – wenn man niemals Nein sagen kann, dann wird man ein Ja-Sager.

Ursachen für problematische Beziehungen liegen oft in zu unterschiedlichen Erwartungshaltungen: Wird das Verhalten eines anderen für uns schwierig, so hängt dies oft mit unserem eigenen »Schatten« zusammen, d. h. diese Verhaltensweise ist uns fremd und wird daher leicht negativ überbewertet und abgewertet.

Der »Schatten« kann hellgrau bis tiefschwarz sein: je dunkler, umso weniger können wir noch etwas Positives darin wahrnehmen und übertreiben den eigenen Standpunkt auf unserer Werte-Rechteckseite. Wenn Sie kein Gespür mehr dafür haben, dass »alleine sein« auch ein positiver Wert ist, fehlt Ihnen das Korrektiv der Gegenseite und Sie übertreiben den Wunsch nach Zusammensein. Den Abgrenzungswunsch Ihres Partners können Sie dann nur mehr im Minus als Egozentrik interpretieren.

Die Entwicklungslinie liegt auf der Diagonale – von der negativen Übertreibung hin zum positiven Gegenpol:

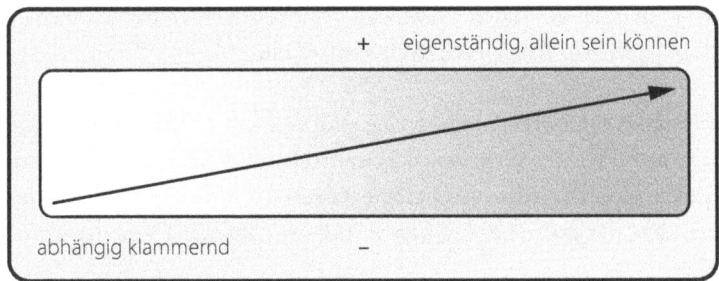

Wenn Sie am anderen das Alleine-sein-Wollen stört, könnte es sein, dass Sie selbst sehr anlehnungsbedürftig sind. In diesem Fall sollten Sie sich fragen: Was kann ich tun, um meine Fähigkeit zum Alleine-Sein weiterzuentwickeln? (Ihren »Schatten« aufhellen, um wieder positiv teamfähig zu werden).

Übung: Entwickeln Sie nun Ihr eigenes Werte-Rechteck für die Frage: Welches Verhalten stört mich an anderen?

2) wenn ich es positiv interpretieren würde, dann wäre es	+	3) so lautet das positive Gegenteil des störenden Verhaltens
1) negatives Verhalten, das mich am anderen stört	−	4) die negative Über-treibung von 3) ist:

Dann fragen Sie sich, auf welcher Seite Sie eher beheimatet sind (ankreuzen). Stricheln Sie bitte die andere Seite »schattig« ein. Da Ihr Schatten bestimmt (!) nur hellgrau ist, fällt es Ihnen sicher nicht allzu schwer, Ihre Entwicklungsrichtung zur positiven Ausprägung Ihres »schattigen« Gegenpols zu erkennen und mit einem Pfeil einzuzeichnen.

Bei dunklem Schatten können Sie nur mehr das Minus der Polarität wahrnehmen. Homöopathisch ausgedrückt, könnte man auch so formulieren: Das, was Sie am anderen am meisten stört, benötigen Sie selbst in einer gesunden Dosis (den positiven Aspekt, der im »Schatten« liegt) – für Ihre eigene Weiterentwicklung.

Zu Beginn einer Beziehung ist Gegensätzlichkeit (Polarität) meistens sehr attraktiv: Sie verlieben sich wahrscheinlich nicht in jemanden, der die gleichen »Macken« hat wie Sie selbst –Sie verlieben sich in jemanden, der dort über Stärken verfügt, wo Sie selbst weniger Kompetenzen besitzen. So finden und ergänzen sich: der Ruhige und der Vielredner, der Lebensfrohe und der Verantwortungsvolle, der Durchsetzungsfähige und der Friedliche. Eigentlich müssten wir beim ersten Kennenlernen ehrlicherweise sagen:

»Ich habe hier ein schattiges Plätzchen neben mir – willst du es mir nicht aufhellen?«

In Paarberatungen frage ich manchmal zerstrittene Paare: »Was hat Ihnen an Ihrem Partner(in) gefallen, als Sie sie/ihn kennen gelernt haben? Meist ist das genau die Eigenschaft, die Sie heute stört (sie ist nur vom Plus ins Minus gerutscht). Das heißt: Sie lassen sich das Anderssein vom Partner gerne schenken – wenn diese Eigenschaft später aber gegen Sie gewendet wird, dann sehen Sie nur mehr den Ihnen fremden dunklen »Schatten« in seiner Minus-Ausprägung.

So wird aus der liebevoll-temperamentvollen Partnerin, die Ihr Leben eines eher ruhigen Zeitgenossen angenehm in Schwung bringt, irgendwann eine hysterisch-nervige Frau, die Türen knallt und launisch ist. Umgekehrt wird der ruhige, in sich ruhende, beständige Partner, der wie ein Fels in der Brandung zuverlässig Sicherheit vermittelt, zum gefühlskalten Klotz. Und die Partnerin sagt verzweifelt: »Was muss ich noch alles gegen die Wand werfen, damit der Kerl endlich reagiert?«

Fazit: In Konfliktsituationen handelt es sich oft um die gleiche Polarität, die zu Beginn einer Beziehung so faszinierte. Mit dieser Erkenntnis könnten Sie fair zu Ihrem Partner sagen: »Ich liebe dich und dein Temperament. Aber wenn du Tassen an die Wand wirfst, ist das für mich so unglaublich fremd, dass ich mich völlig zurückziehe und nichts mehr sagen kann.«

Beim Werte-Rechteck gibt es noch eine *zweite Variante*. Nicht nur gegensätzliche Eigenschaften, auch starke Ähnlichkeiten *können Probleme verursachen*. Im Positiven verstehen Sie sich wortlos mit jemandem, der Ihnen sehr ähnlich ist.

In Konfliktsituationen kann es aber dazu kommen, dass Sie das gleiche Verhalten bei sich selbst als positiv bewerten, dem anderen aber das Minus zuweisen.

Bei jemandem, der Ihnen sehr ähnlich ist und der die gleichen Tricks und Strategien anwendet, die Sie selbst nur zu gut kennen, kann es daher leicht zu Konkurrenz und Abwertung kommen: »Ich bin ja schon selbstbewusst, aber der andere, der ist wirklich arrogant!« Oder: »Ich bin ja weiß Gott charmant, aber die neue Mitarbeiterin – wie die sich beim Chef einschmeichelt!«

Es ist im kommunikativen Miteinander sinnvoll, sich auch dieser Beurteilungsfalle bewusst zu werden. Die Entwicklungslinie bei Ähnlichkeit geht (für beide!) zur anderen Rechteckseite in den positiven Schattenbereich. Sie sollten sich dem arroganten Gesprächspartner gegenüber etwas toleranter und »bescheidener« verhalten, um nicht in einem Machtkampf selbst zur Arroganz abzugleiten.

Fazit: Starke Unterschiede wie starke Ähnlichkeit haben im Positiven eine hohe Faszination, in Konfliktsituationen kommt es aber leicht zu Missverständnissen. Diese Kenntnisse werden – wenn es um Macht und Durchsetzung geht – häufig auch *sprachmanipulatorisch* eingesetzt: Wir selbst haben Aufklärungsflugzeuge, der Gegner hingegen Spionageflugzeuge. Wir haben Freiheits- oder Widerstandskämpfer, die Gegner sind Terroristen.
In Firmen-Annoncen werden durchsetzungsfähige (»rücksichtslose«) und hochmotivierte (»strapazierfähige«) Mitarbeiter gesucht.

Und Reisebüros werben für »die schönsten Wochen des Jahres« (= träge und faul sein). Sprache lässt sich sehr geschickt für eigene Interessen manipulieren.
Die Kunst guter Politik, Psychologie und Philosophie besteht darin, Polaritäten als einseitig-subjektive Wirklichkeitsdeutungen zu erkennen, Sprachmanipulationen aufzuzeigen und aus einem grö-

ßeren verstehenden Blickwinkel Gegensätze einzubinden und zu relativieren.

Wenn Menschen sich selbst kritisieren, verwenden sie meist die Minus-Variante. Diese kann aber niemals verstehend in die eigene Person integriert werden, da sie ja abgelehnt wird. Deshalb spiegeln wir als Berater nur den (verdeckten) Plus-Aspekt der kritischen Aussage zurück. Sagt ein Klient zum Beispiel: »Ich würde gerne mehr Sport treiben, aber ich bin ein fauler Hund!« – dann wenden Sie folgende zwei Regeln an:

Regel 1: »Aber« wird durch »und« ersetzt.

Regel 2: Minusaussagen ins Plus übersetzen.

Eine therapeutisch gute Antwort sähe in etwa so aus: »Ein Teil von Ihnen möchte gerne mehr Sport treiben, und ein anderer Teil möchte ausspannen, sich erholen und nichts tun.«

Nun kann der Klient die beiden mit »und« verbundenen Aussagen einzeln fokussieren, danach beide Möglichkeiten zugleich wahrnehmen. Er wird erkennen, dass die Gegensätzlichkeit seiner Aussagen eventuell gar nicht so polar ist: Denn er könnte ja etwas Sport treiben und dann auch mal einen gemütlichen Abend ohne Programm verbringen. Der Klient, den ich hier zitiere, antwortete jedoch: »Nein, so geht das nicht! Wenn ich Sport treibe, dann richtig! Dreimal die Woche drei Stunden!« Jetzt wird das eigentliche Thema des Klienten erkennbar: Es ist sein männliches Sportlerbild – wenn er dieses Bild ändern würde, dann könnte er beide Polaritäten stimmig in sein Leben integrieren. Dies zeigt, dass hinter den begrifflichen Polaritäten oft persönlich tiefere Themen verborgen sind. Dies herauszufinden, ist die Aufgabe jedes guten Beraters.

Das Werterechteck im integrativen Bereich

Auf diesem – Körper, Geist und Seele vereinenden – Niveau werden Polaritäten noch tiefer auf ein zugrunde liegendes Feld bezogen, die Hintergrundbedingungen eines Themas werden zunehmend erforscht und persönliche Spannungsfelder in sozio-kulturelle Kontexte eingebettet. Dadurch nimmt die Akzeptanz einander widersprechender Wahrheiten zu (die polaren »Schatten« werden heller). These und Antithese werden in eine größere Synthese eingebunden (man wird »weiser«).

Ein authentischer werdendes Selbst hat die unerschütterliche Gewissheit des All-Eins-Seins tief in seinem Inneren – nicht nur beim ruhigen Meditieren, sondern auch »in der Welt«, im Alltag und Beruf. Almaas, ein westlicher Sufi-Meister, sagt:

> *»Es gibt nichts Besseres als die Einfachheit –*
> *in sich selbst zentriert zu sein, zu erkennen, wer man ist,*
> *und das Gefühl der Vertrautheit und der Wirklichkeit darin zu verspüren.*
> *Die ganze innere Reise, die gesamte therapeutische und spirituelle Suche*
> *hat im Grunde nur ein einziges Ziel: wirklich der zu sein, der wir sind.«*

Zum Abschluss dieses Kapitels möchte ich Ihnen noch das kosmogonische Geheimnis (= Lehre von der Entstehung des Weltalls) der babylonischen Priester verraten – die geheim gehaltene Zahlmystik der Adyta arcanta, die auch Pythagoras erfahren hat:

> *»Die Eins ist der Schoß, aus dem die Zwei bricht, die Vielheit.*
> *Aber hinter allem steht die Idee der Null als namenloses Mysterium allen Seins,*
> *das für uns für immer unsichtbar bleibt, unerreichbar und unbegreiflich.«*
> *Wir Menschen müssen lernen, das Geheimnis (die Null) zu erdulden,*
> *»und dennoch strahlen im unermesslichen Licht« (der Eins).*

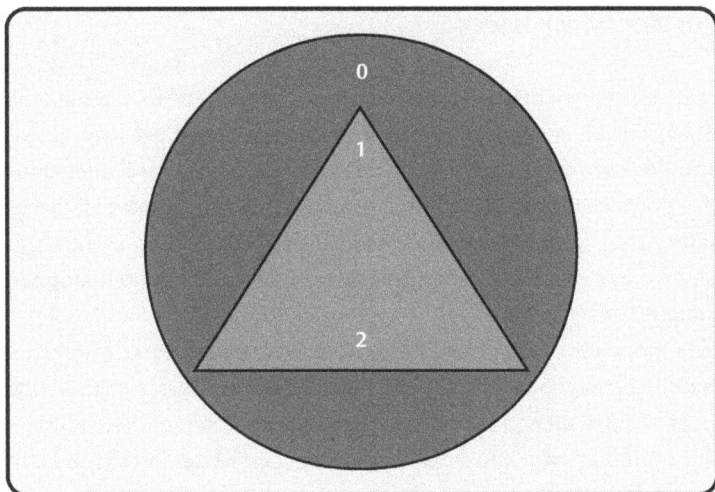

Im Klartext: Ein integrales und bewusstes Selbst hat die strahlende Energie des »All-Einen« – der Eins – tief in sich. Ihm gelingt es, im dualen Bereich (der Zwei) aktiv sein einmaliges Leben zu leben, ohne an den Widersprüchlichkeiten des Lebens zu verzagen.

Die polare Welt ist voll zugänglich, und die Schatten sind nur mehr leichte Schleier. Und hinter und über allem steht das »Göttliche« – von dem wir uns kein Bildnis machen sollen und können – die babylonische »Null«. Ein authentisches Selbst erlaubt Ihnen, durch Ihr »In-der-Welt-Sein« ganz in den Grund des eigenen Bewusstseins einzutauchen.

Dann können Sie staunend erkennen, dass Sie in allem, was Sie tun und nicht tun, immer in das göttliche Mysterium eingebettet sind.

Ein letzter Tipp aus den Mysterienkulten des antiken Griechenlands – den die Hierophanten des schwarzen Tempels von Eleusis (Athen) ihren Rat suchenden Adepten immer wieder mitgaben:

Lebe – und du weißt!

Das Vier-Ohren-Modell

Ein weiteres wichtiges Modell der Kommunikationspsychologie ist das Nachrichtenquadrat – auch Vier-Ohren-Modell genannt. Kommunikationspsychologie argumentiert streng logisch und intellektuell – doch ich möchte Ihnen für eine ganzheitlich-integrale Sichtweise auch dieses kognitiv-rationale Modell darstellen, denn es befähigt uns, kompetenter mit Beziehungsstörungen in Konfliktsituationen umzugehen.

Jede Nachricht enthält viele Botschaften. Der Sender sendet immer auf verschiedenen Ebenen. Die Vielfalt einer Botschaft lässt sich mit Hilfe eines Nachrichtenquadrats ordnen, wodurch sich eine Vielzahl von Kommunikations- und Beziehungsstörungen besser zuordnen lässt. Dadurch kann der Blick geschärft werden für eine Verbesserung der Kommunikation im zwischenmenschlichen Bereich.

Je nachdem, auf welche Seite der Nachricht der Empfänger besonders hört, ist seine Empfangstätigkeit eine andere: Sobald er eine Nachricht auf Selbstkundgabe (Ich-Seite des Senders) abklopft, interessiert ihn besonders, was im Augenblick beim Sender los ist: *»Was ist das für einer?«*

Durch die Beziehungsseite ist der Empfänger persönlich betroffen: *»Wie steht der Sender zu mir? Was hält er von mir? Wen glaubt er vor sich zu haben?«*

Die Auswertung auf der Appellseite geschieht unter der Fragestellung *»Wo will der Sender mich hinhaben?«* bzw. *»Was sollte ich am besten tun?«.*

Im Grunde braucht jeder Empfänger vier Ohren. Je nachdem, welches der vier Ohren er auf Empfang geschaltet hat, nimmt das Gespräch einen sehr unterschiedlichen Verlauf. Ein authentischer, in sich stimmiger Empfänger hat prinzipiell freie Auswahl, auf welche Seite der Nachricht er reagieren will. Bei vielen Menschen ist ein Ohr auf Kosten der anderen besonders stark ausgebildet, was zu typischen Problemen in der Kommunikation führen kann:

Dem *sachohrigen* Empfänger geht es auch dann noch »nur um die Sache«, wenn das eigentliche Problem nicht so sehr in einer sachlichen Differenz besteht, sondern auf der zwischenmenschlichen Beziehungsebene liegt.

Der *beziehungsohrige* Empfänger ist auf der Beziehungsebene so überempfindlich, dass er auch in beziehungsneutralen Nachrichten und Handlungen eine Stellungnahme zu seiner Person übergewichtet. Er nimmt alles persönlich, fühlt sich leicht angegriffen und beleidigt.

Verglichen mit dem überempfindlichen Beziehungsohr ist ein gut ausgeprägtes *Selbstkundgabe-Ohr (oder Diagnose-Ohr)* psychisch »gesünder«: *»Was sagt mir die Nachricht über dich?«* Damit können wir besser herausbekommen, was bei dem anderen wirklich los ist.

Ein *appellohriger* Empfänger ist von dem Wunsch beseelt, es allen recht zu machen. Kleinste Signale werden auf ihre Appellkomponente hin untersucht (z. B. ein übereifriger Gastgeber, wenn der Gast den Blick wendet: *»Was suchen Sie? Einen Aschenbecher? Oder soll ich noch einen Kaffee holen? Ich bringe sofort beides!«*)

Wo Menschen zusammenarbeiten und leben, sind Beziehungsstörungen an der Tagesordnung. Die Fähigkeit, miteinander klarzukommen, ist bei vielen jedoch nicht sehr weit entwickelt. Ein typischer Kardinalfehler der zwischenmenschlichen Kommunikation ist es, Beziehungsstörungen auf der Sachebene auszutragen. Wenn zum Beispiel in einer Konferenz ein Mitarbeiter von seinem Vorgesetzten gebeten wird: »Können Sie uns nicht wenigstens die Nettozahlen einmal nennen?« (in dem »wenigstens« steckt die Botschaft »Wenn man von Ihnen schon keine normalen Leistungen erwarten kann …«). Solche »Stecknadeln von unten« sind häufig Vorboten oder Symptome für eine schließlich unentwirrbare Verflochtenheit von Sach- und Beziehungsebene.

In diesem Stadium kann kaum noch jemand etwas zur Sache sagen, ohne dass es ihm als besserwisserisch, feindselig, als Rechtfertigungsversuch oder als Angriff ausgelegt wird. Manche Betriebsabteilung, manches Kollegium, manche Familie befindet sich im Dauerzustand der »Verflochtenheit«, bei der jede sachliche Auseinandersetzung von einer sich verschärfenden Beziehungsproblematik durchdrungen ist. Jetzt hilft nur noch eines: Die Sachauseinandersetzung für eine Weile aussetzen und eine explizite Beziehungsklärung einleiten: Wie stehen wir zueinander? Was macht unsere Gespräche so unfruchtbar, so gereizt, so vorsichtig oder so distanziert? Solche Beziehungsklärungen sind heikel und unüblich. Daher ist im Zustand schwer entwirrbarer Verflochtenheit die Einbeziehung eines Supervisors (»Entflechtungshelfer«) anzuraten. Neben der Gewährleistung der notwendigen atmosphärischen Bedingungen wird ein Supervisor auf folgende Punkte besonders achten:

○ *Zu expliziten Beziehungsaussagen ermutigen (Sachargumente unterbinden)*

○ *Zum Ausdruck von Wünschen und offenen Appellen ermutigen*

○ *Dahinterliegende Ich-Botschaften fördern (Blick nach vorn statt zurück im Zorn)*

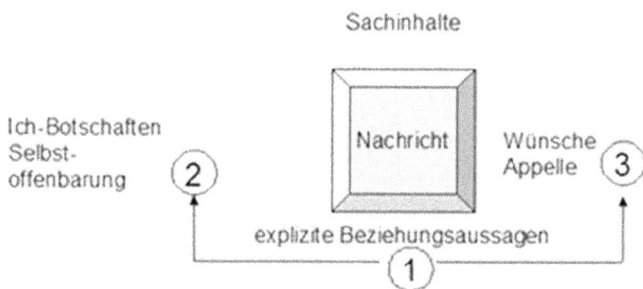

Faires Streiten: In einer gutwilligen aggressiven Interaktion des »fairen Streitens« ist nicht so sehr der Streitgegenstand wichtig als vielmehr der Prozess der Auseinandersetzung selbst. Durch sensible Selbstwahrnehmung und Beobachten der Reaktionen des Partners lernt man seinen eigenen Kommunikationsstil mit all den Verzerrungen und Ausweichtaktiken besser kennen. Die Kluft zwischen Selbst- und Fremdwahrnehmung wird auf ein erträgliches Maß reduziert. *Bleiben Sie in Ihren Überzeugungen klar und kongruent, und versuchen Sie, Ihren Partner als gleichwertig in der Beziehung zu akzeptieren.*

Wahrnehmungsübung

Bitte nehmen Sie sich etwas Zeit und fokussieren Sie offen und einfühlsam:
Welches Ohr/welcher »Schnabel« ist bei Ihnen noch verbesserungswürdig?
Themenvorschläge hierzu:
Mein jüngster Ärger …
Mein Konfliktverhalten …
Was haben mir meine Eltern beigebracht/vorgelebt, wie ich mich in Konflikten verhalten soll?

KAPITEL 3:
Focusing – Vom vagen Gefühl zur klaren Empfindung

Focusing ist eine aktuelle Weiterführung der Humanistischen Therapie. Eugen Gendlin – Nachfolger von Carl Rogers – betont Intuition und Eigenwahrnehmung als wichtigstes Kriterium jedes persönlichen Reifungsprozesses. Dies genauer zu betrachten, gehört in jeden integralen Methodenkoffer.

Gendlin entwickelte Focusing (= »Brennpunkt«) als Möglichkeit, intuitiv erlebte, gefühlte Bedeutungen gezielt in einem ganzheitlichen Erlebensprozess zu unterstützen und zu fördern.

Wenn das Ich sein inneres Geschehen in Bezug auf ein gerade anstehendes Thema unmittelbar erlebt, können sich aus diesem zuerst meist vagen und diffusen Erleben Bedeutungen sprachlich, bildhaft oder körperlich mitteilen, die ein unmittelbares ganzheitliches Gefühl der Stimmigkeit auslösen.

Man tritt dabei als sein eigener innerer Beobachter aus einer kleinen inneren Distanz in Beziehung zu der noch nicht »entfalteten« gefühlten Bedeutung und wartet geduldig, was in die Wahrnehmung kommt. Focusing fördert die offene Selbstwahrnehmung, deren Form und Richtung in hohem Maße vom Klienten selbst bestimmt wird.

Wie kann man Focusing erklären? Focusing ist eine erlebensorientierte Wahrnehmungsschulung, welche die Autonomie und Freiheit des Individuums stark betont. Focusing fördert die in jedem Menschen vorhandene Fähigkeit der Selbstaktualisierung.

In schöpferischem Selbsterkunden werden Sprache, bildhaftes Erleben, Denken, Fühlen und Handeln in unmittelbarem Erleben aufeinander bezogen. Dabei wird in achtsamer Weise auch Bezug genommen auf ein tiefes, auch körperlich spürbares Bedeutungsempfinden.

Voraussetzungen dafür sind die bereits geschilderten drei Grundhaltungen der personzentrierten Therapie:

Empathie, einfühlendes Verstehen, hilft, eine offene und verständnisvolle Beziehung zum eigenen Wahrnehmen aufzunehmen.

Empathie

Akzeptanz

Kongruenz

Akzeptanz meint echte positive Zuwendung und Wertschätzung.

Kongruenz (Echtheit) erlaubt einen nicht allzu kritischen Zugang zum eigenen Erleben, Denken, Fühlen und Handeln.

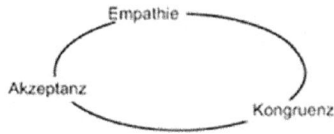

Focusing kommt von lateinisch »focus« (Brennpunkt). Dies heißt, die innere Aufmerksamkeit wie einen Scheinwerfer auf etwas zu richten, um das eigene Thema klarer und deutlicher werden zu lassen – die persönliche Resonanz zu einem Problem oder einer Sache, über die man mehr Klarheit haben möchte.

Beispiele für wahrnehmungsorientiertes Fragen:

Was ist das Wichtigste, die Mitte meiner Empfindungen?

Wie fühlt sich das Ganze jetzt für mich an?

Was bräuchte ich, um mich besser zu fühlen?

Stell dir vor, das Problem wäre auf wundersame Weise gelöst, wärst du dann glücklich und zufrieden?

Hinweise zum Einstieg in den Focusing-Prozess:

Wie beginnen Sie eine Focusing-Sitzung?

Zu Beginn geeigneter Small Talk, um die Beziehungsebene zu entkrampfen und sicherer zu machen. Lassen Sie den Klienten seinen Platz finden, und setzen Sie sich selbst in eine stimmige Position.

Focusing-Schritte im Überblick

Freiraum schaffen	**Thema finden** und inneren Abstand dazu finden (»vor sich hinstellen«)
Bezug nehmen	**Felt Sense** entstehen lassen (= gefühlte Bedeutung)
Entfalten	**Felt Shift** (gespürte Erleichterung – kleiner Erkenntnis-Schritt)
Annehmen, schützen	**Annehmen und schützen,** nachwirken lassen und nicht gleich analysieren

Freiraum schaffen:

Äußerer Freiraum: Achten Sie darauf, welche äußeren Bedingungen der Klient braucht. Vielleicht die Umgebung wahrnehmen lassen und dem Klienten ermöglichen, sich auf die Situation einzustellen. Lassen Sie ihn zur Ruhe kommen.

Beziehungsfreiraum: z. B.: »Passt Ihnen der Abstand, den wir zueinander haben?«
Innerer Freiraum: Der Klient ordnet das, was ihn beschäftigt, kognitiv (Problemliste, »Herausstellen«) und nimmt achtsamen Kontakt zu seinem Selbst auf.

Bei passender Gelegenheit: »*O. K., dann fangen wir mal an*«. Nun führen Sie den Klienten allmählich in die innere Achtsamkeit, indem Sie ihn zuerst bitten, darauf zu achten, was er noch braucht, um sich richtig entspannt und bequem zu fühlen. Oder der Klient verweilt einfach bei seiner Wahrnehmung. Oder er möchte noch etwas Small Talk oder Beziehungsklärung. Schaffen Sie Sicherheit und Leichtigkeit!

Erstes vorsichtiges Fokussieren auf ein Thema:

Lassen Sie den Klienten nun wählen, ob er an etwas Bestimmtem arbeiten möchte oder ob er lieber abwartet, was gerade nach seiner Aufmerksamkeit verlangt. Dann fragen Sie ihn einfach, ob es ein bestimmtes Thema gibt, auf das der Klient in der heutigen Sitzung Zeit verwenden möchte.

In sich hineinspüren oder: Wie geht es dir gerade mit diesem Thema?

Der Klient verweilt achtsam bei seinem inneren Erleben. »*Ganz egal, was du im Moment genau empfindest, bleib einfach freundlich und offen bei dir selbst.*«

Hat der Klient ein bestimmtes Thema, können Sie fragen:

»*Wie geht es dir jetzt im Moment mit diesem Thema?*« Lassen Sie den Klienten wahrnehmen, was er spürt. Vielleicht bemerkt er Empfindungen oder eine gewisse Grundstimmung. Es muss nichts Genaues sein. Wenn der Klient allmählich etwas wahrnimmt und spürt, benötigt er Zeit, dieses »Etwas« genauer zu fokussieren. Was er bemerkt, kann unklar, zart, unterschwellig oder verschwommen sein oder auch ganz kräftig und deutlich.

Er spürt einfach in sich hinein und nimmt alles wahr: Emotionen wie »traurig« oder »ängstlich«, Empfindungen wie »eng« oder »flau«, einfach alles. Selbst wenn er »nichts« empfindet, kann dies eine Qualität haben: »ein graues Nichts«, »ein geräumiges Nichts« oder »ein müdes Nichts«.

Die beste Beschreibung dafür finden:

Fragen Sie den Klienten, wie sich der (vielleicht noch wackelige) Felt Sense **jetzt im Augenblick** anfühlt. Dazu kann er **ein Wort** (ein Eigenschaftswort oder zwei), einen Satz oder ein Bild nehmen, vielleicht sogar eine Geste – alles, was möglichst nahe an die Beschreibung dessen herankommt, wie sich der Felt Sense gerade anfühlt. Wenn die Beschreibung gefunden ist, die zum Erleben passt, entsteht in der Regel ein befriedigendes Gefühl, ein »Ja, so stimmt`s«.

Den Felt Sense zu mögen ist viel wichtiger, als ihn zu verstehen.

Nachprüfen, ob das passt:

Im eigenen Befinden nachprüfen, ob etwas passt, ist gleichsam das Kernstück des Focusing. Alle Wörter, Sätze, Bilder oder Ideen, die vom Felt Sense kommen, können vom Gesprächsbegleiter zur Bestätigung zurückgesagt (gespiegelt), präzisiert und durch geeignete Interventionen ausgeweitet und verdeutlicht werden (Wahrnehmungsebene wechseln, z. B. vom Gedanken zum Gefühl, zur Körperempfindung oder zum bildhaften Erleben intervenieren).

Aber nicht die Grundhaltung vergessen und zu viel zu schnell tun wollen!

Das Wichtigste ist die wohlwollende, akzeptierende Haltung des Klienten zu sich selbst und zu seiner Wahrnehmung. Ein Thema ist aufgetaucht, der Klient hat einen Felt Sense dazu gebildet. Jetzt ist es wichtig, absichtslos einfach aufmerksam da zu sein. Der Klient kann hierbei ruhig durchatmen, mit seiner Aufmerksamkeit in seinem Befinden verweilen – erinnern Sie ihn vielleicht daran, von Zeit zu Zeit wieder in seinen Körper zu spüren.

Abrunden einer Focusing-Sitzung und Schützen des Erreichten:

Worauf kann/sollte der Klient in der nächsten Zeit achten, damit die Achtsamkeit und das Wahrnehmen seines »inneren Reichtums« nicht gleich wieder durch innere Kritiker und analytische »Fragebomben« gestört werden? Evtl. den Klienten den Gesprächsverlauf kurz zusammenfassen und das für ihn Bedeutsame formulieren lassen. Der Begleiter kann dies auch tun und die gesamte Stunde verdichtend spiegeln.

Wahrnehmungsübung:

Bitte setzen Sie sich entspannt hin, beobachten Sie Ihren Atem, wie er ein- und ausfließt.

Bleiben Sie ruhig und freundlich bei sich selbst. Sie müssen nichts leisten oder erreichen.

Es ist so, wie wenn Sie mit einer Taschenlampe offen in Ihr Inneres leuchten.

Und nun fragen Sie sich: Wenn ich an mein gegenwärtiges Leben denke – bin ich da zufrieden – vielleicht sogar manchmal glücklich?

Warten Sie, welche Gefühle, Gedanken und Körperempfindungen entstehen. Diese können durchaus diffus und unklar sein.

Verweilen Sie einfach wertfrei und absichtslos in Ihrer inneren Resonanz. Vielleicht entsteht ein Eigenschaftswort – oder zwei –, das genau benennt, wie es Ihnen gerade geht.

Dann kommen Sie ganz allmählich wieder in Ihre äußere Wahrnehmung zurück und lassen das Erlebte achtsam nachklingen.

Bewusstes Wahrnehmen von Körperlichkeit

Die Wahrnehmungsfähigkeit für innere Vorgänge und äußeren Ausdruck in Mimik und Gestik steht in enger Verbindung zu einem erlebensfähigen, antwortenden Organismus. Mit körpertherapeutischen Interventionen können Erlebensinhalte und Erlebensweisen zugänglich gemacht werden, die über verbale Kommunikation alleine oft nicht erreicht werden können.

Was verstehen wir eigentlich unter Körperlichkeit?

Wissenschaftlich versteht man den menschlichen Körper als etwas, das man von außen anschauen und systematisieren kann. Integrative Therapie versteht hingegen Körper als Interaktion, d. h. als immer schon in Wechselwirkung mit der Umwelt verbunden.

Physische, psychische und systemische Umweltbezüge müssen daher in einem umfassenden Körperverständnis immer berücksichtigt werden.

Für alle Aspekte von Erfahrung gibt es einen körperlich spürbaren »Körper-Sinn«, genauso wie es mentale, emotionale und spirituelle Komponenten von Erfahrung gibt. Der Körper ist nicht nur ein Objekt, sondern eine lebendige Quelle von Informationen, Weisheit und Energie.

Körperwahrnehmung: Wir achten auf eine Gleichwertigkeit von Gedanken, Gefühlen, Bildern und Körperwahrnehmungen. Indem wir den Klienten auf seine Körperwahrnehmung aufmerksam machen, ermutigen wir ihn, dabei zu verweilen und mehr über sie zu erfahren.

Körperwahrnehmung in Bezug auf den Felt Sense: Der Klient kann durch Körperresonanz zu neuen Erfahrungen kommen. Wir beobachten, ob die Körperwahrnehmung des Klienten auch wirklich seiner Befindlichkeit entspricht. Oftmals kommt es dabei zu einer Empfindung des Fließens, des Lockerns von Druckempfindungen, des Freiwerdens im Brust- und Bauchraum.

Kognitiv-wissenschaftlich lassen sich Berührungen verschieden differenzieren:

Naturwissenschaftlich-»ärztliche« Berührung: Man untersucht zum Beispiel die Hand des Klienten, ist interessiert an den Muskeln, Sehnen, an der Gelenkigkeit der Finger, am Hautwiderstand und Ähnlichem. Die Hand ist Untersuchungsobjekt, der Begleiter eine Art Experte für Physiologie.
Verspielte Berührung: Der Begleiter verhält sich verspielt, neugierig, probiert Impulse aus und ist humorvoll. Diese auflockernde Haltung empfiehlt sich aber nur unter bestimmten Umständen, da der Bezie-

hungsraum zwischen Begleiter und Klient in diesem Bereich nur unscharf abgegrenzt ist.

Zerstreute Berührung: Hierbei ist der Begleiter abgelenkt, nicht ganz anwesend oder denkt an etwas anderes, was oft mit einem abgrenzenden Grenzstil oder mit Überforderung des Begleiters zusammenhängen kann. Wirklicher Kontakt kommt hierbei nicht oder nur ungenügend zustande.

Verschmelzende Berührung: Der Begleiter verhält sich so, als ob Energien durch ihn hindurchflössen und ihn mit dem Klienten zu einer Einheit verbänden. Eine verschmelzende Berührung ist im therapeutischen Setting nur unter ganz bestimmten Bedingungen angemessen. In seltenen Ausnahmen besonders tiefer und früher Regressionsarbeit, wenn Klienten tief mit sich in Kontakt sind, kann diese verschmelzende Berührung angemessen sein.

Stimmige Berührung: Der Begleiter ist hier ganz anwesend, verschmilzt nicht, ist auch nicht abgelenkt und hat keine geheimen Absichten. Der Beziehungsraum ist klar, die Aufmerksamkeit ist auf den Beziehungsraum und den Klienten konzentriert.
Hierzu ist es notwendig, dass der Begleiter sich selbst ganz stimmig in seinem eigenen Körper erfährt und zu gesunden, flexiblen Grenzen fähig ist. Berührung kann dann ein gutes Mittel sein, um Klienten zu neuen Erfahrungen über eigene gesunde Grenzen zu verhelfen.

»Spontanimpulse« beim Begleiter: Vitale, spontane Impulse beleben manchmal das Geschehen. Bei all der konzentrierten Aufmerksamkeit des Begleiters ist es wichtig, dass man seine Spontaneität nicht verliert. Beispiel: Ich stupse den Klienten einfach so mit der Hand an der Schulter an und lache ihn an. Wenn ich aber merke, dass der Klient zurückzuckt, sollte ich sofort auf die Beziehungsebene wechseln und sagen: »Oh, ich glaube, das hat jetzt nicht gepasst.«

Hier gilt der Merksatz: Sie können im Focusing alles tun, nur müssen Sie genau wissen, was Sie tun – auf der Grundlage von Empathie, Kongruenz und Akzeptanz. Und wenn Sie etwas falsch gemacht haben, entschuldigen Sie sich – damit beweisen Sie eine innere Flexibilität und Kongruenz, die sich positiv auf den Klienten auswirkt.

Übungsfragen zu körpertherapeutischen Themen

Welche Themen verbergen sich für Sie in/hinter der Körperlichkeit? (z. B. Vertrauen, Hingabe, Stärke, Sehnsucht, Aggression)

Was taucht dabei auf: Gefühle, Bilder, Gedanken, Körperempfindungen?

Nähern Sie sich sehr achtsam diesem Themenbereich und achten Sie auf die richtige Nähe/Distanz!

Eine weitere kurze Anleitungsmöglichkeit:

Spüren Sie in Ihren Körper und fragen Sie sich: »Welche Stellen brauchen meine *Aufmerksamkeit?*«

Spüren Sie, welche Stellen sich *lebendig* und welche sich *blockiert*, schmerzhaft oder unlebendig anfühlen. Registrieren Sie jede Veränderung, die Sie in Ihrem Körper spüren.

Nehmen Sie eine äußerliche Bewegung vor, heben Sie zum Beispiel die Arme oder stehen Sie auf.

Fragen Sie Ihren Körper, was er sich wünscht. Lassen Sie innere Bewegungen zu *ohne Bewertungen.*

Zum Abschluss nehmen Sie noch einmal wahr, wie sich Ihr Körper jetzt als Ganzes anfühlt.

KAPITEL 4:
Umgang mit Grenzen

Es gehört zu unserem Schicksal, dass wir uns zugleich getrennt und mit der Welt verbunden erleben. Weil der Spannungspol Individuation – Symbiose im menschlichen Empfinden niemals allgemeingültig geklärt werden kann, ist menschliche Erfahrung immer schon zutiefst mit dem Problembereich individueller Abgrenzung verbunden. Gerade im Beratungsbereich sollten wir Grenzen und Abgrenzung genau wahrnehmen können.

Allgemeine Funktionen von Grenzen

Filter: Durch Grenzen werden wir befähigt, das, was aus der Welt auf uns zukommt, individuell verträglich zu filtern. Das Thema ist hierbei, zu wissen, was wir angemessen hereinlassen und was wir draußen lassen müssen. Wir respektieren die Rechte und Grenzen anderer. Mit funktionsfähigen Grenzen bewahren wir uns und andere vor feinen oder offenen Formen des Missbrauchs, der Verwirrung und der Unsicherheit. Durch gesunde Grenzen können wir bestimmen, wie viel von uns (Gedanken, Gefühle, Befindlichkeit) wir für uns behalten und wie viel davon wir in den Beziehungsraum einbringen wollen.
Wenn ein Begleiter zu langsam oder zu schnell vorgeht; wenn er versäumt, Grenzen zu ziehen; wenn er diese zu früh zieht oder wenn er den Grenzziehungsstil des Klienten nicht versteht, werden Verwirrung und Desintegration entstehen, und der Beziehungsraum wird unklar.
Es kann manchmal gut sein, Klienten über Grenzen zu informieren und zu unterrichten. Dadurch wird der Sinn für Eigenes gestärkt, besonders in Beziehung zu anderen, was die Entwicklung gesunder

Grenzen ermöglicht. Die Wiederaufrichtung oder Neuerrichtung gesunder Grenzen ist wesentlich für echte Authentizität und für die Heilung von psychischen Verletzungen.

Grundlegende Grenzbereiche

Körperliche Grenzen gehören zum Körper, zum subjektiven Körperempfinden und zur gesamten Nähe-Distanz-Problematik. Ein authentischer Mensch kann klare Grenzen setzen, indem er selbst über Distanz und Nähe entscheidet und über das Ob, Wann und Wie eines Kontakts. Ein solchermaßen authentischer Mensch wird auch die physischen Grenzen anderer achten.

Innerpsychische Grenzen haben mit Gedanken, Gefühlen, Bildern, Stimmungen, Felt Sense, Felt Shift und mit allen anderen Wahrnehmungsschritten des Focusingprozesses zu tun.

Dabei sollten wir nicht nur unsere eigenen Gedanken/Gefühle und Verhaltensweisen von denen anderer unterscheiden, sondern genau differenzieren: Was ist meins, deins, unseres?

Zum Beispiel:

○ ärgere ich mich, weil ich mich schon den ganzen Tag ärgere (= meins),

○ kriege ich mit, dass der Klient sich ärgert (= deins),

○ ärgere ich mich über den Klienten (= unseres)

○ oder ärgere ich mich, weil der Klient sich nicht ärgert (= Übertragungsärger – in Focusing-Termini ausgedrückt: Ich kriege für den Klienten den Ärger, weil er ihn nicht spürt).

Nur wenn ich eine genaue Unterscheidung treffen kann zwischen *meins, deins, unseres* und über Übertragungs- und Projektionsvorgänge einigermaßen Bescheid weiß, kann ich auch in komplexeren therapeutischen Situationen klare Grenzen ziehen.

Unterschiedliche Grenzstile: Unterschiedliche Abgrenzungsstile hängen wiederum eng mit Persönlichkeitsstrukturen zusammen. Diese werden gebildet, wenn wir in der Entwicklung an einem bestimmten Stadium an sich gesunder Grenzbildung hängenbleiben und – um unsere Bedürfnisse einigermaßen zu befriedigen – einen bestimmten Grenzstil entwickeln müssen.

Die vier wichtigsten Grenz-Stile

Unterentwickelter Grenzstil: (auch »verstrickter«, verschmolzener, diffuser Stil): Hier ist keine klare Abgrenzung zu erkennen, die Grenze ist zäh, die Energie oft diffus. Solche Menschen sind kaum fähig, Nein zu sagen, Bedürfnisse und Gefühle adäquat zu erkennen und zu artikulieren.
○ Sie sind ständig bemüht, ein Gefühl für Grenzen wiederzugewinnen,
○ leicht überwältigt von eigenen wie von den Emotionen anderer,
○ oft distanzlos oder unbeholfen in der richtigen sozialen Distanz: Sie kommen oft zu nah und verletzen die Grenzen anderer,
○ verlieren das Gefühl für Unterschied und Identität und lassen – indirekt oder direkt – emotionalen, körperlichen oder intellektuellen Missbrauch zu.

Überbetonter Grenzstil: (auch dichter oder starrer Grenzstil): überbetonte, unflexible Abgrenzung. Die Energie ist dicht und individuell festgehalten. Solche Menschen sind:
○ leicht verletzbar – sie nehmen andere als Bedrohung wahr, haben ihre Schwierigkeiten mit Vertrauen, Intimität und Verwundbarkeit und können ihre Schutzmauern nicht fallen lassen
○ unfähig, viel von anderen aufzunehmen; sie erhalten stets zu wenig Zuwendung
○ wenn der überbetonte Grenzstil zur Gewohnheit geworden ist, oft einsam und getrennt;
niemand kann ihnen wirklich nahekommen und sie werden dadurch leicht gefühlsarm
○ in der Oberflächenmuskulatur unnachgiebig und können nicht weich werden

Pendelgrenzen: Jemand pendelt zwischen vagem und überbetontem Grenzstil hin und her.

Er riskiert durch zu schnelles Öffnen eine Verwundung und erfährt dadurch Schmerz oder Gewalt. Dann schließt er sich abrupt ab. Es gibt kaum Zwischentöne.

Unvollständige Grenzen: Diese Grenze hat »Löcher«. Bei diesem Grenzstil ist es möglich, dass man die meiste Zeit gesunde Grenzen hat, aber in gewissen Situationen dysfunktionale Grenzen entwickelt (sowohl überbetonte wie unterentwickelte), etwa in einer Liebesbeziehung oder bei Autoritätspersonen, Eltern oder Kindern, Männern oder Frauen. Ein solcher Grenzverlust kann sich auch ereignen, wenn man sich in besonderen emotionalen, mentalen oder physischen Zuständen befindet, wie zu müde, krank, bedürftig, zornig usw.

Funktionsgerechte, gesunde Grenzen sind flexibel, bewegen sich auf der ganzen Skala von offen und empfänglich bis geschlossen und schützend. Sie verändern sich situationsangemessen von Augenblick zu Augenblick. Man kann sich öffnen und eins sein mit der Welt oder mit einer vertrauten Person (Symbiose). Man kann aber auch seine Grenzen eng halten und damit emotionale und physische Verletzungen draußen halten. Ein Mensch mit gesunden Grenzen kann mit ganzem Herzen Ja oder Nein sagen und verfügt über viele Zwischentöne und Schattierungen, die sich zwischen einem vollen Ja und einem vollen Nein befinden.

Focusing und »Grenzen«

Lassen Sie uns versuchen, diese objektivierten Begriffe »Grenze«, »Grenzstil« und »Grenzbereiche« verstehend zu erweitern: Bildlich gesprochen besteht ein Mensch aus vielen farbigen Kreisen. Nehmen wir zum Beispiel die Farbe Rot: Das Zentrum des Menschen wäre dann ein intensiv leuchtendes Rot, das, je weiter es nach außen zur Peripherie kommt, immer heller wird.

Nehmen wir an, Rot steht für körperliche Abgrenzung, für körperliche Nähe und Distanz. Wenn sich zwei Menschen mit in etwa gleich großen roten Kreisen und gleichem farblichen Intensitätsverlauf begegnen, so treten kaum Probleme in dem Bereich körperliche Nähe und Distanz auf, da sie sich jeweils in den richtigen Farbschattierungen begegnen. Stellen wir uns aber vor, ein Mensch hat einen roten Farbradius von circa einem Meter und begegnet einem anderen, dessen Rotspektrum einen Radius von drei Metern umfasst. Dann kann es zu Komplikationen kommen mit unterschiedlichen Nähe- und Distanzüberlappungen.

Wenn wir dieses Modell der farblichen Abgrenzung auf verschiedene Bereiche verwenden, wird das ganze Geschehen noch komplexer: Körperliche Grenzen, innere psychische Grenzen und Grenzen in allen möglichen anderen Bereichen können zu Übereinstimmung, Überlappung oder zu Interferenzen (= Konfliktgeschehen) führen. Zudem beeinflusst die Übereinstimmung in einem farbigen Bereich das Verhalten in anderen farbigen Bereichen:

Wenn sich zwei Menschen persönlich sehr zugetan sind, ertragen sie auch Grenzüberschreitungen, die sie bei anderen Menschen, mit denen der Beziehungsraum nicht geklärt ist, schnell zurückweisen würden – z. B. in der körperlichen Abgrenzung. Vielleicht ist meine Intimgrenze so ein halber Meter um meine Person herum – mein argentinischer Kollege ist jedoch ein Mensch, der andere Intimgrenzen besitzt. So wird mich dieser Freund manchmal umarmen, auch wenn es mir nicht so ganz recht ist, mir auf die Schultern klopfen oder sich in anderen Bereichen sehr spontan und direkt verhalten und sich mir körperlich nähern. Da wir jedoch in anderen Bereichen gut harmonieren, kann ich das tolerieren.

Bei Grenzüberschreitungen werden wir daher sehr genau unterscheiden:
○ *Findet die Grenzüberschreitung durch einen Freund statt*
○ *findet sie durch einen Fremden statt*
○ *oder findet sie durch einen feindlich gesinnten Menschen statt.*

Als Berater sollten wir sehr genau wahrnehmen, welches Verhalten beim Klienten wie »gefärbt« ist.

Ist dieses sehr unterschiedlich von unseren eigenen Verhaltensweisen, brauchen wir viel Empathie, um freundlich gesinnt bleiben zu können, und nur dann wird auch der Klient bereit sein, seinen Eigenanteil im farbigen Beziehungsgeschehen zur Kenntnis zu nehmen.

Soziologisch-philosophische Aspekte

Der Soziologe Jürgen Habermas spricht von »Identitätsbalance«, die notwendig ist, wenn zwei Menschen sich begegnen. Wie viel darf ich von mir zeigen, ohne arrogant zu wirken, wie viel Raum räume ich meinem Gegenüber ein, ohne mich an die Wand gedrückt zu fühlen? Wir müssen also im farbigen Beziehungsgeschehen immer wieder farbliche Auffrischungen, neuartige Farbmischungen und gelegentliches Besinnen auf unsere Grundfarben erfahren, um uns selbst genau wahrnehmen zu können.

Nach Rogers gehört zu einer »fully functioning person« die Fähigkeit, sich echt, sensibel, flexibel und einfühlend zu verhalten. Nur ein solchermaßen in sich ruhender Mensch wird gesunde, farbige, flexible Grenzen aufweisen, sich auf der ganzen Farbpalette von Abgrenzung bis zu Hingabe je nach Situation und persönlicher Befindlichkeit stimmig und kongruent verhalten und in Kontakt mit anderen seine eigenen Grenzen immer wieder überprüfen und transzendieren.

KAPITEL 5:
Träume und Fantasien

Jeder Mensch träumt – auch Säugetiere träumen regelmäßig. Unterbricht man das Träumen, indem Versuchspersonen mit Hilfe von EEG und dem Messen der »Rapid Eye Movements« – der schnellen Augenbewegungen, die einen beginnenden Traum ankündigen – jedes Mal kurz geweckt werden, wenn sie zu träumen beginnen, so fühlen sich die Probanden trotz ausreichender Schlafdauer unausgeschlafen. In der darauffolgenden Nacht häufen sich die Traumphasen, und schließlich träumen die Probanden untertags mit offenen Augen, so dass sie dauernd wachgerüttelt werden müssen. Träume scheinen also eine wie auch immer definierte wichtige Funktion zu besitzen.

Die Menschheit beschäftigt der Traum und seine Rätsel seit Urzeiten: Wohin geht das Ich, wenn wir schlafen? Was sagen uns all die Bilder, Geschichten und Symbole? In alten Zeiten vermutete man, dass Träume Botschaften einer höheren, prophetischen Weisheit sein könnten, und wer sie zu deuten vermochte, wurde als Heiler oder gesuchter Ratgeber hoch geehrt. In vielen Traditionen gilt das Träumen bis heute als Bewusstseinszustand, der einen besonderen Zugang zu spiritueller Führung und Inspiration eröffnet.

Die rationale Wissenschaft untersucht physiologische Daten wie Hirnstromkurven oder biochemische Vorgänge – dem Geheimnis des Träumens kommt sie damit aber nur sehr reduktionistisch auf die Spur. Denn nur, wenn wir die nächtlichen Bilderwelten von innen begreifen lernen, kann das Traumerleben zu Heilung, Wachstum und Selbstverwirklichung genutzt werden.

Sigmund Freud hat vor über hundert Jahren mit seinem ersten Werk (»Die Traumdeutung«) nachgewiesen, dass Träume als kostbarer Wegweiser zu verdrängten, noch nicht ins Bewusstsein integrierten Wesensanteilen erkannt und genutzt werden können. Die Überbetonung des verdrängten Sexualtriebes ist aus heutiger Sicht jedoch zeitbedingt. Denn in der k. u. k. Donaumonarchie wurden, wie in jeder Diktatur, wichtige Impulse wie sexuelle Freiheit und autonome Selbstverantwortung unterdrückt und in den »Schatten« verbannt. Daher kommt auch die Freud'sche Dämonisierung des Unbewussten.

Träume – Hüter des Schlafs – Gedicht von Thomas Brasch:

Ich habe heut' Nacht geträumt von einem dunklen Tag
und einer fremden Frau,
wie atemlos ich bei ihr lag. Sie sprach von einem schönen Tod
und von einem Krieg
Ich sah, wie sie mit großem Schritt die eiserne Treppe hochstieg.
Ich bin ihr nachgegangen – Soldaten haben mich eingefangen
Und mit hellen Regentropfen erschossen. So wurde ich wach –
Aber immer noch schlagen die Tropfen aufs Dach.

Verstehend–offene Traumarbeit

Aus phänomenologischer Sicht bleibt ein Traum mit seinen Bildern, Gefühlen, vagen und diffusen Anmutungen, seinen oft paradox wirkenden Widersprüchen und scheinbaren Unsinnigkeiten als ganzheitliches Erleben zuerst einmal dem eigenen logischen Begreifen unvermittelbar.

Klienten wissen zwar manchmal spontan, wovon ihr Traum handelt. Aber oft wird das Neue, das energetisch ins Bewusstsein Drängende nicht oder nur bruchstückhaft erkannt.

Aus der Perspektive von Focusing ist es wichtig, in einen lebendigen Bezug zum Traum zu treten und aus einer stimmigen Nähe heraus wohlwollend abzuwarten, was der Traum verdeutlichen will. Dies er-

laubt dem Klienten, die Schritte selbst zu finden, die der Traum an-
deutet. Sobald ein Felt Sense – eine zuerst oft vage und diffus ge-
spürte innere »Angerührtheit« – entsteht, befindet sich der Klient in
einem Veränderungsprozess, der einen energetisch spürbaren Schritt
im Hinblick auf mehr Lebendigkeit und Kongruenz beinhaltet. Damit
wird es möglich, das Wesentliche des Traumgeschehens zu erfassen
und zu spüren, wo Lebendiges, Positives aufscheint.

*Konzepte sind wie eine Landkarte – sie kann Sie wo hinführen. Aber dann
lassen Sie das, was Sie mit Hilfe der Landkarte gefunden haben, »at-
men«!*

Wenn dem Klienten über längere Zeit keine tiefere Bezugnahme
gelingt, kann der Begleiter mit Hilfe der unten kurz dargestellten
Traum-Fragen intuitiv vorsichtig abtasten, wo eventuell ein »Schritt«
kommen könnte. Verdichtend spiegelnd kann er den Klienten zum
Beispiel fragen: *»Stimmt das so? Macht das Sinn?«* Oder: *»Was würde
das bedeuten, wenn wir das offener formulieren würden?«* Bestätigt der
Klient das Gesagte, kann man es auch mehrfach zurücksagen und
den Klienten bitten, achtsam dabei zu verweilen und wahrzunehmen,
ob sich etwas verändert, verstärkt oder neu hinzukommt. Stimmt die
Spiegelung nicht, kann der Therapeut fragen: *»Was wäre besser?«* Oder:
»Wie sagt man das genauer?«

Die Traumfragen: Gendlin hat aus unterschiedlichen therapeutischen
Schulen wichtige Fragen zusammengestellt und in seinem Traum-
deutungsbuch veröffentlicht. Die erste Frage »Was steigt auf?« sollte
immer zuerst gestellt werden, weil sie zu Assoziationen ermutigt. Die
anderen Fragen können in beliebiger Reihenfolge gestellt werden. Das
Wichtigste ist, dass wir dem Klienten jetzt zu einer unmittelbaren
tieferen Erfahrung verhelfen, um ihm neue Erkenntnisse zu ermöglichen.

Mögliche Fragen an den Traum:

1 Was steigt auf?   2 Welches Gefühl?   3 Was war gestern?
4 Welcher Ort?   5 Handlung des Traums?   6 Welcher Teil von mir?
7 Kann der Traum weitergehen?   8 Symbole?
9 Gegensätze?   10 Persönliches Wachstum/spirituelle Aspekte?

Prozessorientierte Traumarbeit: Wenn wir das Substantiv »Traum« in das Verb »träumen« übersetzen, können wir flexibler begleiten. Denn Träumen ist mehr als der Traum. So geht das Träumen nach dem Aufwachen oft weiter, obwohl der Trauminhalt nur mehr diffus gespürt wird. Daher ist es wichtig, beim Arbeiten mit Träumen die subjektive Befindlichkeit des Erzählenden genau wahrzunehmen. Jetzt ist er wach, sicher im »Hier und Jetzt« und damit ein »anderer« als im Moment seines Traums.

Gute Fragen:
»Wie ist es jetzt, wenn du darüber erzählst?«
»Fühlst du jetzt etwas von dem Traum in dir?«
»Was heißt das jetzt für dich?«

Damit können neue Empfindungen entstehen und innere Themen in neuem Licht erkannt werden. Der Traum ist dann nicht mehr so wichtig, sondern präsentes Focusing-Begleiten in der Gegenwart. Vorsichtig neue Einsichten annehmen und sichern, eventuell nächste Handlungsschritte ansprechen: **»Was ist jetzt anders – worauf kannst du in der nächsten Zeit achten?«**
Dann den Erzählenden das Neue nochmals formulieren lassen, eventuell nochmals auf den Traum kurz Bezug nehmen und den Unterschied vom Vorhin zum Jetzt verbalisieren lassen.
Wichtig: Stelle niemals die Traumfragen der Reihe nach oder schematisch!

Vielleicht helfen ein oder zwei Fragen, um dem Klienten zu mehr Achtsamkeit zu verhelfen.

Das Wichtigste ist gutes Zuhören, Raum geben und die Eigenwahrnehmung vertiefen!

Integral-spirituelle Aspekte der Traumarbeit: Ganzheitlich-integrale Traumarbeit berücksichtigt bei Bedarf auch archetypische Färbungen (C.G. Jung) – also tiefe, für alle Menschen gültige und universelle Symbole. Kompetente Begleiter sollten daher auch für spirituelle Aspekte offen sein. Denn in unseren Träumen können wir manchmal große Einsichten und Weisheiten erfahren, in denen die tiefste Sehnsucht des Herzens mit uns Verbindung aufnimmt. Damit können wir erkennen, wie jenes große Wissen und Verstehen, welches wir für unsere innere Suche benötigen, in jedem von uns bereitliegt.

Auch die Arbeit mit Träumen ist nur eine Möglichkeit, Menschen zu mehr Bewusstheit zu verhelfen. Man kann für »Traum« oder »Fantasie« auch ein X setzen, um Zugang zu etwas zu finden, was unmittelbarer und tiefer ist als »Traum« und »Traumdeutung«.
Focusing setzt die unterschiedlichen Wahrnehmungsebenen integral zusammen und hilft dem Einzelnen, sich im Hier und Jetzt tiefer zu erfahren.

KAPITEL 6:
Beziehungen und Beziehungsfantasien

Die Jung'sche Therapeutin Verena Kast schreibt hierzu: Dem Teilhaben an der Welt des Alltäglichen und an der Welt der Liebe entsprechen zwei Haltungen dem Leben gegenüber: die *Bewältigungshaltung* und die *liebevolle Haltung.* Im Idealfall vermischen sich diese beiden Haltungen, im schlechteren Fall gleiten wir in eine der beiden ab.

Für die **liebevolle Haltung** bekommt alles Seele, alles hat einen Wert für sich. Diese Haltung ist achtsam und lässt den anderen frei. Sie ist zärtlich in einem umfassenden Sinne. Die liebevolle Haltung ist offen zum Emotionalen hin, der Wahrheit des Herzens verpflichtet, aber unter Umständen eventuell auch bereit, Unstimmigkeiten empathisch-direktiv anzusprechen.

Der *Bewältigungshaltung* geht es um das Erledigen des Anliegenden, darum, dass der Aufwand und Ertrag einander zumindest die Waage halten – es wird nach der Angemessenheit gefragt. Hier weiß man, wie die Dinge sich verhalten müssen. Auch in der schönsten Liebe muss Leben bewältigt werden, und viele Beziehungsfantasien werden schnell durch den Alltag ernüchtert.

Doch in unserer Gesellschaft wird das Bewältigen viel mehr geübt als das Liebevollsein.

Eine *liebevolle Bewältigungshaltung* dem Leben gegenüber würde unsere Beziehungen erfüllter und sicherer machen.

Übung: Fragen Sie sich selbst:

○ Welche Themen stößt mein Partner bei mir immer wieder an?
○ Welche Aspekte, welche Schattenbereiche kann ich verantwortungsvoll mit Hilfe meines Partners entwickeln? Welche Themen spreche ich bei ihm wiederholt an?
○ Was braucht mein Partner von **mir**, um mit seinen Schattenbereichen angemessen umzugehen?
○ Wenn beide Schattenbereiche aufeinandertreffen, wie sieht die »Spirale des Missverstehens« aus?

Beziehungsfantasien (nach Verena Kast)

In Zeiten großer Verliebtheit idealisieren wir oftmals den Partner. Wir idealisieren aber auch die Seiten in uns, die der Partner anspricht. Diesen Beziehungsfantasien liegen mythologische Bilder wie die heilige Hochzeit zugrunde, wie sie Shiva und Shakti (indisch), Ishtar und Tammuz (persisch) und Zeus und Hera (griechisch) miteinander feiern, in denen die Vereinigung von Himmel und Erde dargestellt wird, um den Ursprung allen Lebens zu bewirken und die Fruchtbarkeit des Lebens zu erhalten.

Beziehungsmuster im Götterhimmel:

Shiva und Shakti: Einander ganz gehören: Diese Beziehungsfantasie ist die Grundidee menschlicher Liebe. Es kommt zu einem Gefühl des Aufhebens allen Getrenntseins. Die Liebespartner bedeuten einander alles, und sie genügen sich selbst ganz. *Gefahren:* Egoismus zu zweit und ein Sich-immer-mehr-Abschließen von der Außenwelt. Der Alltag holt diese Beziehungsfantasie irgendwann ein, und dann können Krisen entstehen, bei denen sich jeder der beiden wieder um sein Ich bemühen muss. Die Sehnsucht, wortlos verstanden zu werden, kann im Alltag oft nicht bestehen – alltägliche Wünsche erfordern sprachliche Kommunikation.

Themen: Im rauschhaften Erleben des Einander-alles-Bedeutens wird oft übersehen, dass Beziehung auch Entwicklung und Veränderung bedeutet. Dabei entsteht das Problem der Abgrenzung: Wer bin ich, was will ich? Zudem ist es wichtig, zu erkennen, dass eine Beziehung erst dann wirklich schöpferisch wird, wenn der Spannungspol Liebe – Trennung durchlebt wird.

Pygmalion: Sich einen Partner formen: Hierbei will man die große Liebe leben und zugleich alles unter Kontrolle haben. Dies heißt, man möchte vom Partner bewundert beziehungsweise beschützt und gefördert werden.

Chancen: Es ergeben sich Entwicklungschancen für beide Persönlichkeiten: mehr Selbständigkeit (beim Geförderten) und mehr Loslassen (beim Förderer)

Gefahren: Diese Liebesbeziehung kann zu einem verdeckten Machtkampf führen, indem die eigenen Bedürfnisse über die des Partners gestellt werden.

Man kann leicht in der Retter-Rolle hängen bleiben (Helfer-Falle!).

(Als Mutter/Vater sind wir jahrelang Pygmalion, fördern und wissen, was für die Kinder gut ist. Wenn diese allerdings selbständig werden, merken wir, wie schwer es uns fällt, diese Autonomie wirklich zu akzeptieren.) **Themen:** Autonomie und Abhängigkeit. Macht, Kontrolle und Freiheit.

Ishtar und Tammuz: Liebesgöttin und jugendlicher Held

Hier gibt die ältere, erfahrene Frau ihre Liebeserfahrung an den jungen Mann. Der Mann liebt an der Frau die mütterlichen Züge. Sexualität ist wichtig.

Der Altersunterschied kann eine dynamische Kraft der Veränderung für beide darstellen. Älter muss nicht unbedingt älter an Jahren sein – die »erfahrene Liebesgöttin« kann durchaus gleich alt sein.

Chancen: Die Frau ist sich ihres weiblichen Wertes bewusst und wird bestätigt. Bei beiden kann ein intensives dynamisches Lebensgefühl entstehen. Der jüngere Mann bekommt viel Unterstützung für seine männliche Entfaltung.

Gefahren: Die Vergänglichkeit dieser Beziehungsfantasie ist groß: Bei der Frau: Angst vor dem Alter und dass sie den Jüngeren nicht mehr faszinieren kann, beim Mann der Wunsch, seine gestärkte Männlichkeit mit jüngeren, unerfahreneren Frauen zu »testen«.

Themen: Ablösung, Gegensatz Autonomie und Abhängigkeit.

Zeus und Hera: gleichwertige, rivalisierende Machtkämpfe

Hier haben sich zwei dominante, ich-starke Partner gefunden, die beide in jeder Situation gewinnen wollen. Streit ist ein wichtiges Kommunikationsmuster. Es besteht wenig Einfühlungsbereitschaft, es geht um Macht, Rivalität, Vergeltung und um Eifersucht.

Chancen: Es kann große Nähe und Vertrautheit entstehen – bei optimaler Distanz. Beide wissen, wer sie sind, und kennen die Stärken und Schwächen des anderen gut (»Spiegel« im Wertequadrat).

Gefahren: Probleme können oft lange unbewältigt bleiben, da es nicht so sehr um die Sache geht, sondern ums Prinzip. Und dass man nie verlieren darf! (»Rosenkrieg«). Offenheit wird als Schwäche ausgelegt und wird daher oft verdrängt – damit aber auch viele weiche Erfahrungen und Gefühlsäußerungen.

Themen: Zulassen der eigenen Bedürftigkeit. Einfühlung in sich und den Partner.

Merlin und Viviane: Alter Weiser und junge Frau

Er ist Weisheit, Imagination, Vertrauen. In der Beziehung tauscht er Ruhm gegen Liebe. Sie ist Sinnlichkeit, Jugend und Faszination. Beide verbinden Sexualität, Körperlichkeit, Eros und Tiefe, Vertrauen und Intuition.

Chancen: Altersunterschied als Lebenserneuerung.

Gefahren: Die Frau wird bevormundet, der Mann wird eingeengt. Diese Beziehung wandelt sich selten in eine neue Beziehungsform.

Themen: Es geht um Eigenständigkeit und um eine beschützende Hand, unter der Autonomie möglich ist. Bei zunehmender Autonomie der Frau kann sich diese Beziehung leicht in eine Hera-Zeus-Konstellation verwandeln.

Bruder Mann und Schwester Frau: Solidarität und Gleichgewichtigkeit
Beide Partner haben eine persönlich tiefe und freundschaftliche Verbindung, von der sie ergriffen und getragen sind. Sie sind ihr aber auch ausgeliefert. Sie können sich absolut aufeinander verlassen.
Chancen: Miteinander auf gleicher Ebene, in der sich beide wechselseitig anregen, um die Beziehung kreativ zu gestalten und sich ihr hinzugeben.
Gefahren: »Rückfälle« in autonomes Handeln kommen vor, wenn die individuellen Bedürfnisse nicht klar genug formuliert werden. Erotik und Sexualität können ihre Lebendigkeit einbüßen, es kann zu einem relativ spannungslosen »brüderlich-schwesterlichen« Kuschelsex zu zweit kommen. Grenzen und Neues, Überraschendes werden dann nicht mehr gewagt, man arrangiert sich auf dem kleinsten gemeinsamen Nenner, um sich und den Partner nicht zu verunsichern.
Themen: Sicherheit contra Leidenschaft. Das Leben spielt sich oft in Auseinandersetzung zwischen diesem Ideal und dem Lebbaren ab. Heimliche Fantasien werden nicht mehr mitgeteilt, um die Sicherheit der Beziehung nicht zu gefährden.

Beziehungsthematiken – schematisch dargestellt:

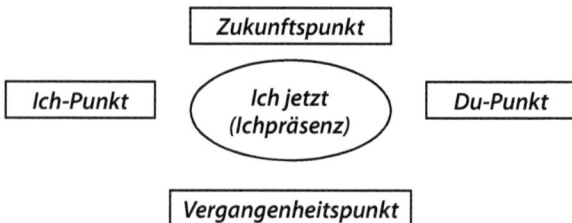

| Zukunftspunkt |

| Ich-Punkt | Ich jetzt (Ichpräsenz) | Du-Punkt |

| Vergangenheitspunkt |

Vergangenheit-Zukunft-Zeitachse (senkrecht):
Ein fixierter Zukunftsblick wird zu einer Fata Morgana:
wenn das Haus gebaut ist …, wenn die Kinder groß sind …, wenn die Schulden bezahlt sind …
Dabei kreisen wir oft um das Jetzt herum und beachten es zu wenig.

Ich-Du-Achse (waagrecht):
Verschmelzungsangst (du-lastig): Mein Ich könnte verschwinden – wenn ich mich ganz im Du verliere.
Verschmelzungssehnsucht (ich-lastig): Nimm mich ganz so, wie ich bin.
Wichtig: gesunde, pulsierende Distanz. Verschmelzung und Getrenntsein sind wie Ebbe und Flut:
Wenn wir Verschmelzung willentlich halten wollen, ist das, als wollten wir den Ozean kontrollieren.

Gute (auch systemische) Fragen:

○ Was möchten Sie wirklich in Beziehungen? – Sagen Sie mir, wer Sie in Ihren Beziehungen wirklich sind.

○ Was durfte in meiner Familie, bei meinem Vater, meiner Mutter, meinen Geschwistern und innerhalb der Beziehungen nicht gelebt werden?

○ Welche meiner nicht gelebten Anteile delegiere ich an Partner, Kinder, Freunde, Kollegen?

○ Wie lade ich meine Umwelt dazu ein, mich in genau jener Weise zu verletzen, die ich so entschieden ablehne?

○ > Kann ich auch mal innehalten, innerlich sanft werden und meinen viel zu schnellen Verstand beschwichtigen?

KAPITEL 7:
Die Frage nach dem Sinn

Logotherapie und Focusing

Die Frage nach dem Sinn ist auch in der integralen Sichtweise von grundlegender Bedeutung. Daher möchte ich in Kurzform die Logotherapie darstellen.

Begründet wurde die Logotherapie (logos = Sinn) durch Viktor E. Frankl, der in seiner Gymnasialzeit mit Sigmund Freud in engem Kontakt stand. Doch die psychoanalytische Denkweise der Triebbefriedigung war ihm zu reduktionistisch und zu nihilistisch.

Eine Erklärung menschlichen Verhaltens auf der Triebebene stellt eine unzulässige Projektion dar, »weil sie so grundlegende humane Phänomene wie Liebe, Glaube, künstlerisch-kreatives Wirken und alle Wertvorstellungen in ihrer Eigentlichkeit missversteht«.

Nach Frankl geht es den Menschen um die Erfüllung von sinnvollen Aufgaben, die sie »innerlich bejahen«. Glück ist nach Frankl das Wissen, einer sinnvollen Aufgabe zu dienen. »So kommt es zur bewussten Ausbildung des Willens zur Lust oder des Willens zur Macht jeweils erst dann, wenn der Wille zum Sinn frustriert wird.«

Die Logotherapie möchte den Menschen eine Anleitung zur Verbesserung der seelisch-geistigen Lebensqualität geben. Sie betont daher die geistige Freiheit und Selbstdistanzierungsfähigkeit des Menschen – sowie seine schöpferischen Fähigkeiten, die Welt zu gestalten. Logotherapie ordnet dem Menschen ein hohes Maß an Entscheidungsfähigkeit und Wertfühligkeit zu, um das, was noch werden kann und sinnvollerweise werden soll, ins Zentrum des therapeutischen Dialogs zu rücken.

Die Logotherapie sieht sich angesiedelt in der Zwischenzone zwischen Philosophie und Medizin, da sie eine gewisse Nähe zur Ethik hat, und betont, dass selbst auf ein schmerzliches Leidensschicksal und sogar auf Grenzerfahrungen noch sinnvoll geantwortet werden kann.

»Nicht jedem kann man helfen, seine Krankheit zu überwinden, aber jeden kann man ernst nehmen in seinem Menschentum und in seiner Menschenwürde.«

Eine kleine logotherapeutische Geschichte: Persönliche Lebensbalance

Eines Tages wurde ein alter Professor gebeten, für eine Gruppe von etwa fünfzehn Führungskräften eine Vorlesung über sinnvolle Zeitplanung zu halten. Der alte Professor hatte nur eine Stunde Zeit, um sein Wissen zu vermitteln. Zuerst betrachtete der Professor in aller Ruhe einen nach dem anderen in dieser Elitetruppe. Die Teilnehmer waren bereit, alles, was der Fachmann ihnen beibringen wollte, gewissenhaft zu notieren.

Dann verkündete der Professor: »Wir werden ein kleines Experiment durchführen.«

Er nahm einen großen Glaskrug und stellte ihn vorsichtig auf den Tisch. Dann holte er ein Dutzend Steine hervor, etwa so groß wie Tennisbälle, und legte sie sorgfältig einen nach dem anderen in den großen Krug. Als der Krug bis zum Rand voll war und kein weiterer Stein mehr darin Platz hatte, blickte er auf und fragte die Seminarteilnehmer: »Ist der Krug voll?« Sie antworteten: Ja!«

Er wartete kurz und fragte: »Wirklich?« Dann verschwand er erneut unter dem Tisch und holte einen mit Kies gefüllten Becher hervor. Sorgfältig verteilte er den Kies über die großen Steine und rührte dann leicht um. Der Kies verteilte sich zwischen den großen Steinen bis auf den Boden des Kruges. Der Professor blickte erneut auf und fragte sein Publikum: »Ist dieser Krug voll?«

Diesmal begannen seine schlauen Schüler seine Darbietung zu verstehen. Einer von ihnen antwortete: »Wahrscheinlich nicht.«

»Gut«, antwortete der Professor. Er verschwand wieder unter seinem Pult, und diesmal holte er einen Eimer Sand hervor. Vorsichtig kippte er den Sand in den Krug. Der Sand füllte die Räume zwischen den großen Steinen und dem Kies aus. Wieder fragte er: »Ist das Gefäß jetzt voll?«

Diesmal antworteten seine Schüler, ohne zu zögern, im Chor: »Nein!«

»Gut«, sagte der Professor. Und als hätten seine Schüler nur darauf gewartet, nahm er die Wasserkanne, die unter seinem Pult stand, und füllte den Krug bis an den Rand. Dann blickte er auf und fragte: »Was können wir Wichtiges aus diesem Experiment lernen?«

Der Kühnste unter seinen Schülern – nicht dumm – dachte an das Thema der Vorlesung (»sinnvolle Zeitplanung«) und antwortete: »Daraus lernen wir, dass selbst wenn wir denken, dass unser Zeitplan schon bis zum Rand voll ist, wir – wenn wir es wirklich wollen – immer noch einen Termin oder andere Dinge einschieben können.«

»Nein«, antwortete der Professor, »darum geht es nicht. Was wir wirklich aus diesem Experiment lernen können, ist Folgendes: Wenn man die großen Kieselsteine nicht als Erstes in den Krug legt, werden sie später niemals alle hineinpassen.«

Dann fragte er: »Was sind die großen Kieselsteine: eure Gesundheit, eure Familie, eure Freunde, die Realisierung eurer Träume, eine Sache verteidigen, Entspannung, sich Zeit nehmen oder etwas ganz anderes. Wirklich wichtig ist, dass man die großen Kieselsteine in seinem Leben an die erste Stelle setzt. Wenn nicht, läuft man Gefahr, sein Leben nicht zu meistern.«

Mit einem freundlichen Wink verabschiedete sich der alte Professor von seinem Publikum und verließ langsam den Saal.

KAPITEL 8:
Rolle und Teilpersönlichkeiten
(Psychosynthese)

Gendlins Satz »Ich habe ein Problem, aber ich bin nicht mein Problem – ich bin mehr als mein Problem« zeigt auf, dass wir der Präsenz und der Erfahrung von Identität eine zentrale Bedeutung beimessen sollten. Wir leben eine Vielzahl von Rollen, wir wechseln unsere Verhaltensweisen und verhalten uns unterschiedlich, je nachdem, in welchem Kontext wir uns gerade befinden. Rollen/Teilpersönlichkeiten sind unterschiedlich mit Energie geladen, manche melden sich täglich oder stündlich, manche eher selten.

Manche trauen sich nicht mehr (Schatten), was zu Rebellion im Hintergrund und zum Abschneiden wichtiger vitaler Lebensbereiche führen kann. Rollen können auch in Konkurrenz zueinander stehen und Spannungen erzeugen.

Die Arbeit mit Symbolisierungen und Teilaspekten der Persönlichkeit bereichert unseren therapeutisch-integralen Methodenkoffer. Diese Arbeit bietet einen reichen Fundus an imaginativen und emotionalen Interventionstechniken. Wenn ein Klient eine imaginative Äußerung macht, wie z. B. »Ich komme mir vor wie ein Packesel«, können wir diesem »Packesel« Eigenschaften zuschreiben lassen und diese dann dem Klienten zurücksagen.

Hilfreich ist es auch, den Klienten sich seine Rolle in einem bestimmten Setting bildhaft vorstellen zu lassen. So können wir bei der Klientin Susanne, die über Probleme am Arbeitsplatz erzählt, folgendermaßen intervenieren: *Kannst du dir die Susanne am Arbeitsplatz mal bildhaft vorstellen? Wie sieht sie aus, wie fühlt sie sich?*

Diese konkrete Symbolisierung erleichtert es der Klientin, sich in diese Rolle einzufühlen. Die Frage »Wie geht's dir denn, wenn du mit deinem Chef streitest?« ist ungenauer und oft schwieriger zu beantworten.

Negative Aspekte können mit Hilfe des Wertequadrates ins Positive gehoben und zurückgesagt werden. Denn nur so kann der tiefere Sinn eines Aspektes erkannt und die negative Übertreibung dieses Persönlichkeitsanteils wahrnehmungspräzise bearbeitet werden.

Gute Fragen bei Teilpersönlichkeiten:
○ *Was ist oder war mir an der Person und an dem, was sie erlebt hat, wichtig?*
○ *Was mag ich an ihr?*
○ *Was bringt sie mir? – Woran hindert sie mich?*
○ *Gibt es eine(n) Gegenspieler/in – wenn ja, welche Eigenschaft hat er oder sie?*

Differenzierende Interventionen können auch sein:
○ Bei positiven Teilpersönlichkeiten: *Woran hindert mich diese?*
○ Bei negativen Teilpersönlichkeiten: *Wovor will sie mich bewahren?*

Fazit: Wichtig ist: Nicht der Berater muss die Symbolisierungen verstehen, sondern der Klient. *Die Zunahme seiner Kongruenz und sein innerliches Freier-Werden von Blockaden ist das einzige Kriterium, das zählt. Und wir dürfen uns dann mitfreuen und staunen.*

Fantasie-Übung: Schloss-Spiegelsaal
(Hierbei geht es um die Teilpersönlichkeiten:
Erwachsener, Kind, alter Mensch)
(in Du-Form formuliert, um Ihr Inneres noch unmittelbarer zu berühren)

Du gehst in einem großen Park spazieren, riechst die Luft, spürst den Boden unter den Füßen.
Was siehst du, wenn du dich umblickst? Wie nimmst du dich körperlich im Gehen wahr?
Dann siehst du ein Schloss; du näherst dich langsam, kommst zu dem schmiedeeisernen Tor des Schlossgartens; trittst ein – gehst den Kiesweg zum Schlosseingang; vorbei an gepflegten Beeten und Sträuchern.
Einige Steinstufen führen zum Eingangstor.
Du legst die Hand auf die Klinke und öffnest die schwere Türe, trittst in die Eingangshalle des Schlosses. Gedämpftes Licht, du gehst durch die Halle bis zu der breiten Treppe, die nach oben führt. Du gehst nach oben, in den ersten Stock. Ein breiter Gang mit vielen Türen – du gehst nach links, an verschiedenen Türen vorbei. Eine Türe ist angelehnt, Licht schimmert hervor. Du öffnest die Türe vorsichtig und blickst hinein: ein großer Saal mit vielen Spiegeln an den Wänden.
Der Saal ist leer, du trittst ein und schließt die Türe hinter dir. Rechts neben der Türe befindet sich ein großer Spiegel – du blickst hinein und siehst dich *so, wie du jetzt bist: Wen siehst du da?*
Dann verabschiedest du dich wieder und gehst langsam weiter – an vielen unterschiedlichen und unterschiedlich großen Spiegeln vorbei. Vor einem etwas kleineren Spiegel bleibst du stehen, blickst hinein und siehst dich als *kleiner Junge/kleines Mädchen, so um den Schulbeginn herum, circa 6 Jahre alt.*
Wen siehst du da? – und was rätst du dem kleinen Jungen/Mädchen für seinen weiteren Lebensweg?
Dann verabschiedest du dich wieder und gehst weiter. Kommst an einem Spiegel vorbei, da bist du ganz klein und dick; im nächsten Spiegel bist du ganz lang und dünn; du gehst langsam daran vorbei. Wie-

der kommen einige Spiegel, dann bleibst du vor einem Spiegel stehen, blickst hinein und siehst dich als *alten Herrn/alte Dame. Wen siehst du da? (evtl. auch das Ambiente).*

Was rät <u>dir</u> die alte Dame/Herr für deinen weiteren Lebensweg?

Dann gehst du den ganzen Weg wieder zurück und nimmst im Vorbeigehen nochmal jeden Spiegel kurz wahr. Beim Spiegel an der Türe bleibst du nochmal kurz stehen:

Wie siehst du dich jetzt?

Dann verlässt du den Spiegelsaal, trittst in den Gang, gehst die Treppe runter, durchquerst die Eingangshalle und steigst die Eingangsstufen hinab in den Schlossgarten. Gehst den Kiesweg entlang bis zum schmiedeeisernen Tor und gehst in den Park. Langsam deinen Weg zurück gehend, lässt du das Erlebte in Ruhe nachklingen.

KAPITEL 9:
Systemisches Denken

Systemisches Handwerkszeug hilft bei Bedarf, energetisch gebundene Verstrickungen und Blockaden zu erkennen und in achtsamer Wahrnehmung gegenwärtig zu korrigieren. Systemische Methoden und Techniken sollten allerdings niemals »kalt« angewendet werden – man sollte auch im Auge behalten, dass systemische Prozesse nicht immer logisch gesetzmäßig gültig sind (weil A, darum B).

Denn die Vergangenheit ist nicht objektiv gegeben – wir rekonstruieren und bewerten sie aus dem Jetzt immer wieder neu. Die eigene Biografie wird also immer wieder neu bewertet, gestärkt und verändert. (Sie erinnern sich bestimmter schöner – oder auch weniger schöner – Momente aus Ihrer Kindheit überstark, andere Erlebnisse werden hingegen nicht beachtet (nicht verdrängt, sondern einfach als weniger wichtig aussortiert).

Dieses kreative Umgehen schafft Sinnhaftigkeit, Selbstwirksamkeit und auch Weisheit und Bedeutsamkeit in der eigenen Biografie. Trotzdem ist es wichtig, systemische Zusammenhänge erkennen zu können und bewusst zu machen – gerade dann, wenn verdrängte Inhalte im Schatten unbewusst weiterwirken.

Grunderkenntnisse systemischen Denkens

Systeme sind charakterisiert durch **Struktur, Funktion** und **Kommunikation.** Die Elemente eines Systems sind durch ein Kommunikationsnetz verbunden. Dieses Kommunikationsnetz kann manchmal für das System mehr Information enthalten als die einzelnen Elemente. Zum Beispiel bei einer erfolgreichen Fußballmannschaft, die fast lauter neue und auch fremdländische Spieler hat – sie sind z. B. FC-Bayern-München-Spieler, trotz dunkler Hautfarbe und mangelnder Sprachkenntnisse. Struktur gehört damit in den Bereich der konstruierten Wirklichkeit (Konstruktivismus).

Ein kleines Beispiel, wie systemische Frames (Rahmen) uns beeinflussen: Junge Amerikaner, die nach dem Zweiten Weltkrieg in England stationiert waren, erlebten junge Engländerinnen als sehr prüde, aber dann – nach dem ersten Kuss – als relativ forsch. Umgekehrt erlebten die Engländerinnen die Amerikaner als sehr zudringlich, aber nach dem ersten Kuss dann als erstaunlich »lahm« und zurückhaltend. Hier kommt es zum Aufschaukeln unterschiedlicher kultureller Systeme: Bei Amerikanern steht der erste Kuss beim Kennenlernen auf Stufe 5 ihrer Kommunikationsskala. Bei Engländerinnen auf Stufe 25. Ein Amerikaner möchte sehr schnell küssen – quasi als Kennenlern-Ritual. Bis zu sexuellen Kontakten bedarf es allerdings mehr Zeit. Und bei Engländerinnen dauert es lange, bis sie küssen – dann allerdings ist der erotisch-sexuelle Reigen eröffnet.

Wie können wir solche Muster erkennen und verändern? Die Methode des zirkulären Fragens hilft hierbei: z. B.: »Was würden Sie vermuten, was ein Zweiter über einen Dritten sagen würde?« Durch zirkuläres Fragen (Einübung in Empathie und Erweiterung der Perspektive) wird systemisches Denken geübt.

Feedback: Das Prinzip des Feedbacks besagt, dass wir Abläufe in Systemen nicht als lineare Kausalhypothesen auffassen dürfen (Verhalten A bewirkt Verhalten B), sondern dass wir verstehen, in welcher Art und Weise Verhaltensmuster verknüpft sind, und dass Verhaltensmuster an einer Stelle des Netzes Verhaltensänderungen an allen anderen Stellen bewirken können. Einfachster Fall: die Feedback-Schleife (Teufelskreis): Bewirkt das Nörgeln der Frau, dass der Mann in die Wirtschaft geht, oder umgekehrt?

Informations-»Mangel« kann manchmal von Vorteil sein – bei Supervisoren oder externen Trainern. Diese haben meistens weniger Informationen über das System als die Beteiligten. Manchmal genügt es, dass jemand weniger weiß (= weniger strukturell gebunden ist) – er ist weniger verwickelt und hat dadurch die Möglichkeit, flexibler auf eine Situation zu reagieren. Daher sind gut funktionierende Freundschaften und soziale Netze wichtig: Sie haben eine wichtige Funktion wechselseitiger Erinnerung vergessener Verhaltensperspektiven.

Der systemische Blickwinkel in der Beratung: Das lineare Denken herkömmlicher Therapieansätze führt symptomatisches Verhalten einzelner Familienmitglieder meist auf Ursachen in Gegenwart oder Vergangenheit zurück. Zirkuläres Denken geht hingegen davon aus, dass Verhalten gleichzeitig Ursache und Folge sich wiederholender Interaktionen ist.

Familientherapie nach Virginia Satir: Virginia Satir geht davon aus, dass ein gesundes System ein lebendiges System ist. Probleme entstehen dann, wenn alte Regeln oder Muster erstarren und keine Entwicklung mehr möglich ist. Menschlicher Kontakt, Liebe und Humor sind heilsame und lebenserhaltende Kräfte. Satir versucht, bestimmte Lebensregeln aus den früheren Generationen ausfindig zu machen, die in der aktuellen Familie zu Problemen führen. Sobald Erstarrungen und Verfestigungen gelöst sind, findet im Beziehungssystem Familie eine Selbstregulation über »Aushandeln« statt. Lösungen beruhen auf Einsicht und auf Bewusstwerden, so dass die einzelnen Familienmitglieder notwendige Entwicklungsschritte vollziehen und Verantwortung übernehmen können. Verfestigte Konzepte können damit gelockert werden.

Systemisches Denken aus integral-psychologischer Perspektive

Dabei richten wir den Blick auf die Wahrnehmung, die jemand in Bezug auf ein bestimmtes Thema aufweist. Ein systemischer Blickwinkel ermöglicht es, Interaktionen und Muster tieferliegender Zusammenhänge zu beachten, um zu neuen, genaueren Thematisierungen zu gelangen. Wenn sich zum Beispiel die Kinder eines Klienten häufig streiten, so könnten wir systemisch fragen: Schützt der Streit der Kinder eventuell die Eltern vor Streit, oder streiten die Kinder für die Eltern, und so fort.

Die Hauptaufgabe eines systemischen Vorgehens ist das Wiederaufdecken übersehener oder vergessener Verhaltensalternativen.

Hilfreiche systemische Fragestellungen

O Welche Informationen über meine Sehnsüchte und Bedürfnisse enthält mein Problem?

O *Was durfte in meiner Familie, bei meinem Vater, meiner Mutter, meinen Geschwistern und innerhalb der Beziehungen nicht gelebt werden?*

O Welche meiner nicht gelebten Anteile delegiere ich an Partner, Kinder, Freunde, Kollegen?

O *Wie lade ich meine Umwelt dazu ein, mich in genau jener Weise zu verletzen, die ich so entschieden ablehne?*

Systemisches Arbeiten ist dann hilfreich, wenn zum einen mehrere Personen in die Problematik des Klienten verstrickt sind – und/oder wenn trotz präsenter Begleitung kein stimmiger Felt Shift (neue Erkenntnis) entsteht, weil das wirkliche Thema verdeckt gebunden ist.

Systemische Techniken gehören daher in den Methodenkoffer jedes guten Beraters. Dieser Methodenkoffer steht *neben* uns – bei Bedarf verwenden wir eine passende Intervention. Doch wir müssen aufpassen, unsere eigenen systemischen Erfahrungen nicht unbewusst auf die Thematik des Klienten anzuwenden!

Kleines Übungsbeispiel: Interpretieren Sie bitte folgenden einfachen Satz: »Eine Mutter gibt ihrem Kind, nachdem es den Spinat aufgegessen hat, anschließend ein Eis.« Eventuell denken Sie, das Kind mag keinen Spinat und muss mit dem Eis belohnt werden. Doch es könnte ja auch sein: Es gibt immer nach dem Essen eine Nachspeise, oder:

Das Kind mag den Spinat, aber kein Eis – doch die Mutter freut sich so, dass das Kind das Eis isst. Und so weiter und so fort.

Wichtiges Fazit: Passen Sie bitte auf den »Spinat« in Ihrem Kopf auf!

Focusing schult ein »stimmiges« Fühlen, ein »In-Berührung-Sein-mit ...«, das auf unmittelbare und direkte Weise neue Wahrnehmungen entstehen lässt. In offener Selbsterforschung lassen wir den Klienten selbst herausfinden, was für ihn **der** stimmige nächste Erkenntnisschritt ist – und auch, ob und wie eine bestimmte Erfahrung für ihn psychologisch, systemisch, sinnzentriert oder sogar spirituell gefärbt ist.

Systemische Übung: Stammbaum

Wenn uns bewusst wird, dass bei bestimmten Problemen ein »Ahnen-Faktor« als prägendes Element im Spiel ist, dann können wir diesen bewusst integrieren oder uns von ihm lossagen. Wir brauchen diese autonome Freiheit – sei es Annahme oder Ablehnung. Es gibt eine gute Methode, die Wahrnehmung hierfür zu erweitern: Erstellen Sie Ihren eigenen Stammbaum! Denn eine Auseinandersetzung mit den »Altvorderen« ist immer auch eine Begegnung mit dem eigenen Ich. Nehmen Sie sich zehn Minuten Zeit für die folgende Übung:

Übung: Stammbaum

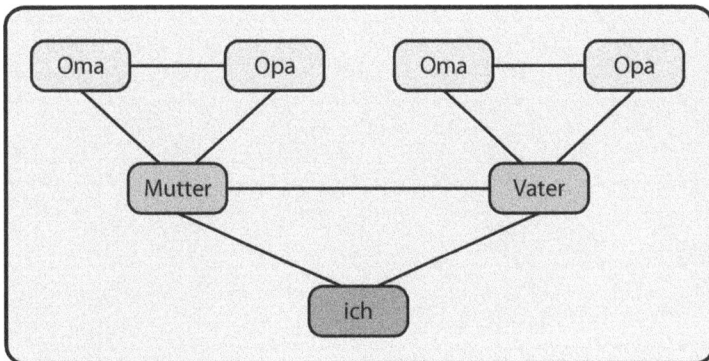

○ Schreiben Sie neben jede Person ein bis zwei Eigenschaftsworte.

○ Dann überlegen Sie, wie die jeweilige Beziehung war (Mutter – Vater, Oma – Opa) und notieren Sie wiederum ein Adjektiv jeweils auf die helle waagrechte Linie.

○ Und jetzt überlegen Sie bitte, ob es einen Satz gibt, den Sie den einzelnen Familienmitgliedern sagen möchten – z. B. »Danke, dass du für mich da warst«, oder: »Ich hätte dir gewünscht, dass du dich mehr um dich selbst kümmerst«, oder: »Ich hätte dich so gerne mehr kennengelernt«, und Ähnliches.

Notieren Sie die gefundenen Sätze bitte in folgenden Zeilen:

Mutter: ....

Vater: ....

Oma: ....

Opa: ....

Oma: ....

Opa: ....

Bitte lesen Sie erst weiter, wenn Sie dies alles geschrieben haben!

Jetzt kommt der systemische Selbsterfahrungsteil:

Lehnen Sie sich entspannt zurück und sagen Sie nun zu sich selbst die Eigenschaften und Sätze (»Ich bin…«). Bei negativen Zuschreibungen müssen Sie eventuell die Eigenschaft im Wertequadrat nach »oben« ins Positive umformulieren, um sie annehmen zu können.

Bei den Sätzen müssen Sie eventuell etwas umformulieren, damit sie Sinn ergeben. Sie können zwischen Eigenschaften und Sätzen hin- und herspringen – achten Sie nur auf die Wirkung in der Ich-Form – nicht darauf, zu wem Sie dies gesagt haben!

Fazit: Sie werden einiges entdecken, was auch in Ihnen wirkt – eventuell in abgeschwächter Form – denn Sie sind Kind Ihrer Ahnenreihe.

Akzeptierend aufbauender Bonus-Abschluss-Track:

Normalerweise arbeitet systemische Therapie damit, was wir von unseren »Altvorderen« an Ballast mit uns führen und was wir deswegen alles in uns zu bearbeiten haben.

Eine erfrischend umgekehrte Sichtweise:

Was könnten unsere Eltern/Vorfahren von uns lernen, was wir geschafft haben – oder was wir im Begriff sind zu schaffen –, was sie noch nicht konnten?

KAPITEL 10:
Entscheidungsfindung
oder: Focusing trifft Ignatius von Loyola

Das ausgehende 15. und das 16. Jahrhundert waren durch eine kulturelle Vielfalt geprägt. In Deutschland begann die Reformation, abendländische Philosophie verband sich mit orientalischer Mystik aus Judentum und Islam. Der Mensch als Bürger mit Freiheitsrechten wurde in Kunst, Musik, Politik und in der Religion zunehmend wichtiger.

Ignatius von Loyola (der spätere Begründer des Jesuiten-Ordens) wurde 1491 als 13. Kind einer adeligen Familie im heutigen Baskenland geboren. Für männliche Adelskinder gab es zu dieser Zeit nur drei Berufsmöglichkeiten: die höfische Laufbahn (Politik), kirchliche Ämter (Klerus) oder das Kriegshandwerk (Militär). Ignatius sollte nach dem Willen seines Vaters die höfische Laufbahn einschlagen – und erfuhr so schon früh, was höfische Etikette bedeutet. Er wurde sensibel für Manipulation, geschicktes Taktieren und für die Kunst der Kommunikation.
Ignatius war sehr temperamentvoll – gegen den Willen seines Vaters entschied er sich für die Militärlaufbahn. Er wurde rasch befördert und als Stabsoffizier 1521 bei der Belagerung der Festung Pamplona schwer verwundet. Einige Monate lag er im Lazarett. Dort las er seine geliebten Ritterromane. Als er diese mehrfach gelesen hatte, gab es nur noch geistliche Literatur.

Daraus entwickelte er später seine Unterscheidung bei Entscheidungsfindungen: Etwas fühlt sich **an der Oberfläche gut an, aber im »Nachgeschmack« schlecht.** Wie seine Ritterromane, die unter dem Niveau heutiger Groschenheftchen waren.

Modernes Beispiel: Sie sehen einen seichten Fernsehfilm, »entscheiden« sich, ihn ganz zu Ende zu schauen, obwohl Sie eigentlich schon wissen, dass Sie sich anschließend über die vertane Zeit ärgern werden. Dies fühlt sich oberflächlich gut an, im Nachgeschmack aber schlecht.

Und umgekehrt: Geistliche Literatur fühlte sich für Ignatius an der Oberfläche zuerst »schlecht« an – er las sie, weil es sonst nichts anderes mehr gab. Im Nachgeschmack fühlte sich dies jedoch gut und bereichernd an.

Modernes Beispiel: Als Selbständigen trifft Sie die »Steuerkeule« irgendwann unvermutet mit voller Wucht. Dies fühlt sich an der Oberfläche sicher nicht gut an, aber im Nachhinein kann man sagen, es war wichtig, um mit den Finanzen verantwortlich umzugehen und nicht brutto als netto zu betrachten. Dann gibt es Entscheidungen, die fühlen sich oberflächlich wie in der Tiefe gut an. Hier ist eigentlich nicht mehr viel abzuwägen. Und dann gibt es Entscheidungen, die fühlen sich durchweg schlecht an – hier ist eine ablehnende Verhaltensweise angebracht.

Es gibt drei unterschiedliche Arten der Entscheidungsfindung

1. Evidenzerlebnis (= unmittelbare Einsicht)

Eine starke innere Kraft führt zu einer bestimmten Entscheidung, beseitigt jeden Zweifel und alles Zögern, so dass mit großer innerer Klarheit gehandelt werden kann. Ignatius führt als Beispiel hierfür sein Erleuchtungserlebnis am Fluss von Manresa an, bei dem ihm Gott erschienen ist und er sich augenblicklich entschloss, von nun an den geistlichen Weg zu gehen.

Dieses unmittelbar klar entschiedene Handeln nennt man auch Kairos: Kairos war in der Spätantike ein junger griechischer Gott – mit einem Lockenschopf vorne ins Gesicht fallend. Und der Hinterkopf war kahlrasiert.

Wenn Kairos vor dir steht, solltest du »die Gelegenheit beim Schopf packen«. Doch wenn du zögerst und er weitergeht, kannst du ihn nicht mehr fassen.

Modernes Beispiel: Eine Frau hatte einen schweren Verkehrsunfall. Als sie in der Klinik aus ihrem Koma erwachte, hörte sie im Radio einen Aufruf der SOS-Mütterschule, in welchem für die Ausbildung zur SOS-Mutter geworben wurde. Die Patientin »durchzuckte es wie ein Blitz«, wie sie später berichtete. Dem Tode knapp entronnen, wollte sie von nun an ihr Leben in den Dienst dieser bedauernswerten Kinder stellen.

Die SOS-Mütterschule schickte mir jedoch bald die Klientin in Therapie. Ich erkannte rasch, dass diese Klientin nicht sehr belastbar, stressstabil und konfliktfähig war. Sie musste zuallererst ihren Selbstwert stärken, ihr Streit- und Konfliktverhalten schulen und sich pädagogisch und psychologisch weiterbilden, bevor sie zuwendungsbedürftigen Kindern helfen konnte. Ihre Entscheidung verdient höchsten Respekt – doch die Vernunft (Kopf) muss danach ebenfalls zu Rate gezogen werden.

2. *Aus innerer Sicherheit heraus*

Hier wird eine Entscheidung ebenfalls klar getroffen, da sie mit der inneren Grundausrichtung und den inneren Werten übereinstimmt. Das Erwägen einer anstehenden Entscheidung führt dazu, dass sich diese Entscheidung einfach anbietet.

Ich möchte dies am Beispiel von Viktor Frankl erläutern:
Frankl hatte im von den Deutschen besetzten Österreich in den vierziger Jahren des vergangenen Jahrhunderts wegen seiner beruflichen Stellung als Leiter einer großen Wiener Klinik einen »Deportationsschutz« – er musste als Jude daher nicht befürchten, in ein KZ deportiert zu werden. Auch seine Eltern waren geschützt. Eines Tages kam das lange ersehnte Visum, das ihm eine Ausreise in die USA und dort den Aufbau der Logotherapie ermöglichen würde. Im ersten Moment

hat sich Frankl sehr gefreut, aber er brachte es nicht fertig, seine Eltern ohne Deportationsschutz hilflos zurückzulassen. Die Entscheidung war damit ganz klar: Frankl blieb in Wien – obwohl ihm das nichts »genützt« hat. Denn seine Eltern kamen trotzdem ins KZ, starben dort ebenso wie seine Frau Tilly. Frankl selbst überlebte das KZ. Im Alter befragt, fand er seine Entscheidung trotzdem »richtig«.

Daraus wird ersichtlich, dass eine aus innerer Sicherheit getroffene ethische Entscheidung nichts mit einer daraus resultierenden Effektivität zu tun hat.

3. *Aus nüchterner Erwägung*

Diese Vorgehensweise wägt Vor- und Nachteile ab. Bei anstehenden Entscheidungen, die nicht durch starke Evidenz oder durch klare innere ethische Prinzipien getroffen werden, ist die Vernunftmethode wichtig. Man sollte andere zu Rate ziehen, um mehr Information und Sicherheit für die anstehende Entscheidung zu erhalten.

Ignatius empfiehlt folgende Fragen für anstehende Entscheidungsprozesse:

○ Woher kommt die Motivation zu dieser Entscheidung?
○ Was würde ich einem Freund in einer ähnlichen Situation raten?
○ Welche Entscheidung möchte ich heute getroffen haben, wenn ich in zwanzig Jahren geglückt alt geworden bin und auf das Heute zurückblicke – was würde ich mir raten?

Weitere Regeln der Entscheidungsfindung – frei nach Ignatius

- Empfinde ich innerlich Licht, Frieden und Motivation – oder aber Dunkelheit, innere Unruhe? Wichtig, dass das positive Gefühl (»Trost«) auch noch nach der Entscheidung andauert.
- Entscheidungen sollen in Zeiten innerer Ruhe gefällt werden. In Zeiten tiefer Unsicherheit ist es in der Regel besser, erst mal an der bisherigen Grundentscheidung festzuhalten.
- Wichtig ist auch, dass die Entscheidung vernünftig und stimmig ist: Vorsicht bei extremen Entscheidungen! Ich tue den Schritt, für

den im Augenblick Klarheit da ist, auch wenn weitere Schritte derzeit noch unklar sind.
- Eine gute Entscheidung braucht Zeit und verlangt Geduld. Hast und Hektik sprechen eher gegen eine Entscheidung, ebenso, wenn sie mich sichtlich überfordert.
- Entscheidungen sollten mit den bisher gültigen eigenen Wertmaßstäben konfrontiert werden. Auch sollte man sie dem Urteil anderer aussetzen.

Integrale Erkenntnisse zur Entscheidungsfindung

Jede Entscheidung stellt ein gewisses Risiko dar: Man entscheidet sich für etwas, das noch nicht ist, und lehnt die Alternative ab, die ebenfalls noch nicht ist.

Beispiel: Ein Klient, der sich mit einer anstehenden Entscheidung abplagt, kann sich einfach nicht entscheiden – es stellt sich heraus: Die Entscheidung selbst ist das eigentliche Thema. Der Klient erzählt, dass er, als er mit fünf Jahren Klavier spielen lernen wollte, von seinem Vater dreimal befragt wurde: »Willst du das wirklich?« Und das Kind antwortete dreimal mit Ja. Daraufhin musste der Klient bis zum Abitur Klavier spielen, obwohl es ihm bereits nach den ersten Unterrichtsstunden keinen Spaß mehr machte. So hatte der Klient bitter erfahren: Wehe, du triffst eine falsche Entscheidung – dann gibt es kein Zurück mehr! Dieser Klient musste lernen, dass er heute als Erwachsener auch eine Entscheidung im Nachhinein korrigieren darf.

Kompetent begleiten bei Entscheidungen

Klienten sind oft unsicher und unzufrieden mit ihrer »mangelnden« Entschlusskraft. Wenn eine Entscheidung noch nicht getroffen werden kann, helfen wir, den »Widerstand« freundlich zu fokussieren, und arbeiten heraus, wovor dieser vielleicht warnen möchte.

Herausfinden des wirklichen Themas

Manchmal forciert ein Klient eine Entscheidung, hinter der sich ein ganz anderes Thema verbirgt. Wahrnehmungsfragen helfen, das eigentliche Thema zu erkennen:

»Worum geht es eigentlich?« »Wieso ist die Entscheidungssituation jetzt so wichtig?«

Auch systemische Fragestellungen können dazu beitragen, die Wahrnehmung zu präzisieren:

»Was würde schlimmstenfalls geschehen, wenn Sie die Entscheidung nicht treffen würden?« »Wie war die Situation vorher, bevor Sie sich entschlossen haben, eine Entscheidung zu treffen?« »Was hindert Sie daran, sich jetzt zu entscheiden?«

Wenn der Klient sein wirkliches Thema erkennt und achtsam Bezug nimmt, ist die Entscheidung manchmal sekundär. Geht es jedoch um eine wirklich anstehende Entscheidung, lassen wir den Klienten nochmals genau sein Entscheidungsthema verbalisieren.

Focusing und Entscheidungsfindung

Herausfinden des wirklichen Themas	Arbeiten im therapeutischen Setting: Was hindert mich, zu entscheiden?
Bezug nehmen	Alternativen einzeln fokussieren, achtsam hin- und herpendeln unterschiedliche F**elt Senses** wahrnehmen
Freiraum vergrößern	Beide Möglichkeiten gleichzeitig wahrnehmen **Felt Shift** = Entscheidungsfindung
Fragen stellen	Wenn Entscheidung noch unklar: fragen „Was bräuchte ich, dass ich mich leichter entscheiden kann?"
Erneut focussieren	Erneute Bezugnahme, bzw sich erlauben, dass die Entscheidung noch nicht „reif" ist Themenpräzisierung

IGF - Institut für Gesprächs- und Focusingtherapie

Die Focusing-Schritte bei Entscheidungsfindung

Bezug nehmen: Der Klient nimmt Bezug zu den beiden Alternativen, die er einzeln fokussiert.

Wir fragen ihn: »Wenn Sie sich vorstellen würden, dass Sie sich für Alternative A entschieden hätten – was taucht da in Ihnen auf?« Dann dieselbe Frage für Alternative B. Wenn die beiden Felt Senses stabil herausgearbeitet sind, bitten wir den Klienten, achtsam zwischen den beiden Felt Senses hin- und herzupendeln.

Freiraum vergrößern: Jetzt bitten wir den Klienten, vorsichtig innerlich zurückzutreten und beide Möglichkeiten gleichzeitig wahrzunehmen. Da es ziemlich unwahrscheinlich ist, dass beide Alternativen in der persönlichen Fokussierung genau gleichgewichtig sind, müsste jetzt eine Entscheidung möglich sein, die mit einem Felt Shift verbunden ist.

Fragen stellen: Wenn die Entscheidung immer noch unklar ist, hilft oft folgende Frage:

○ *»Was bräuchten Sie, damit Sie sich leichter entscheiden könnten?«*
○ *»Was würde sich als ein kleiner Schritt anfühlen?«*

Erneute Bezugnahme: Wenn der Klient immer noch nicht klarkommt, können wir präzisieren: *»Können Sie sich erlauben, dass die Entscheidung noch nicht ,reif' ist?«* Erneut das Ausgangsthema formulieren lassen – vielleicht stimmt's ja noch nicht ganz.

Übung: Fragen zum eigenen Entscheidungsverhalten

ZEIT:

Früher: Wo habe ich unnütze Ängste und Sorgen ausgestanden, weil ich eine Entscheidung zu lange hinausgeschoben habe?
Welche Entscheidungen waren nicht gut, weil sie zu schnell getroffen wurden?
Heute: Wie ist mein Entscheidungstempo: eher zu schnell oder zu langsam?

KOPF:

Früher: Wozu hat es geführt, wenn ich mich zu impulsiv entschlossen habe? Welches Vernunftdenken hat dabei gefehlt?
Heute: Welcher Vernunftmethode folge ich, wenn ich vor einer fälligen Entscheidung stehe?

HERZ:

Früher: Was ist passiert, wenn ich Entscheidungen getroffen habe, ohne mein Herz zu Rate zu ziehen? Was habe ich nachher empfunden – kurzfristig? Langfristig?
Heute: Wie berücksichtige ich meine intuitiven Reaktionen, wenn ich Entscheidungen treffe?

WERTE:

Früher: Welche Werte waren mir bei Entscheidungen besonders wichtig?
Heute: Welche Werte spielen bei Entscheidungen, vor denen ich derzeit stehe, eine Rolle? Kann ich bei meinen Entscheidungen zu meinen Grundwerten und Überzeugungen stehen?

KAPITEL 11:
Ängste und Traumata

Angst aus philosophischer Sicht: Nach Ernst Cassirer sind Menschen durch Angst erst kulturfähig geworden. Kierkegaard spricht von der Angst vor der Freiheit: *»Angst – das ist das Schwindelgefühl der Freiheit.«* Nach Sloterdijk werden in unserer Gesellschaft »reale Ängste weggeschoben und fiktive Ängste massenmedial aufbereitet«. In sich schnell verändernden Zeiten gewinnt Angst vor der Zukunft einen immer größeren Stellenwert. Dabei erleben wir oft einen Rückfall in binäres, zweipoliges Denken.

Angst-Definition: Eine gesunde, konkrete und angemessene Angst ist Teil des Menschseins. Für das Überleben ist Angst als Reaktion notwendig: Sie wirkt als Alarmsignal, welches den Organismus warnt, unsere Aufmerksamkeit erhöht und uns zum Handeln veranlasst.
Die Symptome der Angst sind in der Evolutionsgeschichte begründet und wollen uns auf Kampf- oder Fluchtreaktionen vorbereiten.

Angst als Krankheit: Jeder 10. Deutsche ist akut von Angststörungen betroffen (7 Millionen).
Angst wird dann zum Problem:
- wenn sie nicht mehr vor realen Gefahren warnt,
- wenn sie in einem »Teufelskreis« mündet,
- wenn wir nicht mehr erkennen können, dass sie in Zusammenhang mit anstehenden Entwicklungsschritten steht,
- wenn sie als irrationale Angst selbst zur Bedrohung für ein erfülltes Leben wird.

Gesprächstherapie: Angst ist für Rogers ein Zustand, in dem die Inkongruenz zwischen Selbstkonzept und den gemachten Erfahrungen zunehmend bewusst wird. Die Förderung der Selbstaktualisierung durch Kongruenz, Empathie und Akzeptanz eines klientenzentrierten Vorgehens kann Ängste allmählich und achtsam verringern.

Trauma-Definition: Ein Trauma ist ein Erlebnis, welches dem Seelenleben innerhalb kurzer Zeit einen so starken Reizzuwachs bringt, dass die Aufarbeitung auf normale Weise missglückt. Ein traumatisches Geschehen wird so erlebt, als bedrohe es die Existenz. Es spielt keine Rolle, ob die Situation richtig eingeschätzt wird oder nicht. Es hängt vom subjektiven Erleben und der Wucht des Ereignisses ab.
Traumatische Reaktionen entstehen, wenn Handeln keine Wirkung und keinen Nutzen mehr bringt. Wenn es keinen Ausweg mehr gibt, wenn weder Verteidigung noch Flucht möglich ist, wird das menschliche System der Selbstverteidigung überwältigt und desorganisiert. Alles, was es uns ermöglicht, auf Gefahr hin angemessen zu reagieren, verliert seine Brauchbarkeit und bleibt in einem geänderten und überspannten Zustand auch nach der aktuellen Gefahr.

Ziel der therapeutischen Arbeit bei Traumata ist es, gebundene Energien (»eingefrorene« Felt Senses) in fließende Lebensenergie und angemessene Handlungsbereitschaft umzuwandeln.

Das Leben danach: Traumatisierte Personen entwickeln Vermeidungs- und Verdrängungsmechanismen, um nicht erneut und unvermutet in den Traumastrudel zu geraten. Dieser Selbstschutz führt zu einer Einengung des Bewusstseins und damit zu einem reduzierten und verarmten Leben. Situationen, die Angst erzeugend sind, werden bewusst und in einem noch stärkeren Maße unbewusst gemieden. Mit dieser Einengung des Bewusstseins geht ein Leugnen einher, das einem Trancezustand gleicht. Das Leben wird um dieses Nicht-Wissen herum organisiert, und diese Lebenshaltung kann so zur Gewohnheit werden, dass die Gefahr besteht, diese Schutzhaltung für den Charakter dieser Person zu halten. Der verleugnende Teil kann auch außerhalb gefunden werden, in der Familie oder der Gesellschaft, die das schreckliche Ereignis nicht ertragen können oder wollen und eine Auseinandersetzung mit dem Betroffenen verhindern.

Ein anderer Mechanismus ist die Tendenz, immer wieder in ähnliche Situationen zu geraten – in der (unbewussten) Hoffnung, diesmal angemessener zu handeln. Freud nannte dies den Wiederholungszwang. Wir würden eher sagen: selbsterfüllende Prophezeiung. Unbewusst gebundene Trauma-Energien werden reaktiviert, indem die mit dem Trauma verbundenen Gefühle und Reaktionen subjektiv traumatisch wiedererlebt werden.

Aus der **Sichtweise von Focusing** versucht der traumatisierte Gesamtorganismus, durch Wiedererleben des Traumas eine heilend-korrigierende Erfahrung zu machen.

Folgesymptome:

Hochaktivierung (Erregung): Nach einem Trauma kann die Person entweder sehr intensive Emotionen erleben – ohne eine klare Erinnerung an das Geschehen (= zu wenig Freiraum).

Dissoziation: Oder sie kann alles ohne die geringste emotionale Regung im Detail erzählen, als sei sie nicht wirklich da (= zu viel Freiraum).

Überwachsamkeit: Hier befindet sich die Person in einem Zustand von Überwachsamkeit und/oder Überempfindlichkeit, da sie davon scheinbar »zu wenig« hatte, als das Trauma geschah. Damit geht ein tiefes Gefühl von Rückzug, Unverbundenheit und Isolation einher. Auf der einen Seite besteht eine große Furcht vor Beziehungen, auf der anderen Seite eine große Sehnsucht danach in der Hoffnung auf Hilfe. In der Therapie sind die vertrauensvolle Beziehung und Kongruenz des Therapeuten von herausragender Bedeutung. Und eine genaue Beobachtungsgabe: Wie nah kann der Klient seine gebundenen Energien fokussieren, ohne in den Trauma-Strudel zu fallen? Sicher in der Gegenwart verweilen und vorsichtig fokussieren - nur so viel, wie der Klient verträgt!

Ein weit verbreitetes Symptom ist die »Schuld«: Man kennt die »Schuld der Überlebenden«, die von denen empfunden wird, die ein Unglück überlebt haben, während ihnen nahe oder ferne Personen dabei gestorben sind. Das Empfinden, kein Recht auf das Überleben zu haben, kann den Betroffenen sehr zu schaffen machen.

Menschen reagieren auch mit Schuld, um ein die Wirklichkeit erschütterndes Ereignis »verstehbar« zu machen: Verunglückt ein guter Freund auf dem Nachhauseweg tödlich, wird sich der Gastgeber vermutlich solche oder ähnliche Vorwürfe machen: »Hätte ich ihn nicht überredet, einen Espresso zu trinken, würde er vermutlich noch leben!« Hier ist es gut, wenn andere ihm klarmachen, dass dies nicht zutrifft (»Du bist nicht der Herrgott, der das Schicksal beeinflusst«).

Was wirkt heilend? Den Klienten in der aktuellen Gegenwart im Hier und Jetzt bestärken. So kann er erkennen, dass jetzt nichts Dramatisches geschieht. Bei heftigen Reaktionen können als »Notbremse« eine Unterbrechung und ein Neuorientieren im Raum notwendig sein. Das Wahrnehmen und Beobachten von Körperempfindungen – im Focusing: der gesamten Befindlichkeit – bewirkt einerseits eine gewisse Distanz (= Freiraum) und erlaubt gleichzeitig den Kontakt mit den Empfindungen auf einer tieferen Ebene. Dieses Vorgehen gibt dem Klienten neue Handlungsmöglichkeiten in einem Geschehen, das er so erfahren hat, dass er machtlos und ohne Kontrolle war. Achtsamkeit und Offenheit sind die Schlüssel zu neuem Erleben. Die alten Angstgefühle werden sich allmählich mit der Sicherheit in der gegenwärtigen Situation mischen und schließlich zu einer Neulösung im eigenen Erleben führen.

Das Phänomen der umgekehrten Reihenfolge: Ein 12-jähriger Junge mit Zahnarztphobie wird, sobald er das Wort »Zahnarzt« hört, sofort ohnmächtig. Die Eltern schicken ihn zum Therapeuten. Der baut zuerst Sicherheit und Vertrauen auf, dann bringt er vorsichtig die Sprache auf das Trauma-Thema Zahnarzt. Dabei beobachtet er genau, wie der Junge reagiert.

Die Geschichte des Jungen: Mit sieben Jahren hatte er Zahnschmerzen. Sein autoritärer Vater ging mit ihm zum Zahnarzt. Dieser Arzt war ebenfalls wenig sensibel. Der Junge hatte Angst, wurde jedoch streng zurechtgewiesen. Als er eine Spritze bekam, geriet der Junge in Panik. Er spürte den Einstich der Nadel, Schmerz und ein Pulsieren im ganzen Körper. Sein Herz schlug schneller, er fing an zu schwitzen, und seine Beine fingen an zu zittern. Als er angeherrscht wurde, die Beine endlich ruhig zu halten, erstarrte er. Dann spürte er einen Druck auf beiden Seiten des Kopfes, das flaue Gefühl in der Magengegend verstärkte sich zu krampfartigen Bauchschmerzen. Dann zitterte er am ganzen Körper und wurde ohnmächtig.

Diese Reihenfolge ist eine gesunde, lebendige Reaktion auf eine massiv erlebte Bedrohung. Das vorliegende Trauma bedingt, dass der Organismus des Jungen im Bedrohungsfall nicht auf die gesunden Reaktionen zurückgreifen kann, sondern sofort mit der »erlernten« Maximalreaktion reagiert. Erst das Durcharbeiten und das erfolgreiche Bewältigen kleiner angemessener Stimuli mit den dazugehörigen Körperreaktionen machen die gesunden Potentiale wieder zugänglich. Das heißt, dass Schritte des Zahnarztbesuches mit der Möglichkeit, jederzeit wieder umzukehren, achtsam nachgeholt und damit enttraumatisiert werden müssen.

Gutes therapeutisches Umgehen mit Traumata

Im traumatischen Erleben ging die Eigenwahrnehmung zum Felt Sense weitgehend verloren. Durch Vermeidungsverhalten und Angst vor überstarken unangenehmen Empfindungen gibt es keine Möglichkeit für neue Erfahrungen.

Focusing-Fragen dienen dazu, dem Klienten eine neue Bezugnahme zu seinem Verhalten zu ermöglichen. Gut sind Fragen, die nur aus dem eigenen Erleben heraus beantwortet werden können – keine kognitiven Antworten erfragen!

Viel verbindend fragen: Was geschieht mit Ihnen jetzt, wenn Sie darüber sprechen?

Viel spiegeln, freundliches Interesse zeigen: Besonders bei Verwirrung und Angst hilft dies dem Klienten, da er dadurch seine eigenen Aussagen nochmal mit Abstand vernimmt.

Präzisieren: Was für eine Qualität hat diese Empfindung?

Gibt es eine zentrale Stelle in Ihrem Körper für diese Empfindung?

Ausweiten: Was fühlen Sie noch in Ihrem Körper? Wie nehmen Sie andere Körperstellen wahr?

Selbst bei starken Gefühlen ist es wichtig, auf Körperempfindungen und Freiraum zu achten, bewusst in der Beziehung zum Therapeuten zu bleiben. Immer wieder *nach dem »Jetzt« fragen* und die Gegenwart als verlässliche Ressource sichern.

Verlangsamen und die Zeit dehnen: Eine Klientin aus München hat Panik-Attacken in der U-Bahn. Beim Nachfragen stellt sich heraus, dass die Klientin einmal pro Monat am Marienplatz eine Attacke bekommt – jedes Mal, wenn sie von der Angst-Selbsthilfegruppe nach Hause fährt (ihr Mann hat sie verlassen, und sie ist hilflos panisch einsam).

Folgendes Schema ist jetzt hilfreich (Z steht für die Panikattacke):

Schema: –2 –1 $\underline{Z}$ +1 +2

Wenn die Klientin noch einigermaßen in guter Selbstwahrnehmung ist, vorsichtig an das Angstereignis Z minus 2 heranführen:

In der U-Bahn, am Isartorplatz, wie ging es Ihnen da? Was haben Sie gedacht, gefühlt, gesehen? Dabei die Klientin genau beobachten, wann es zu viel für sie wird.

Dann an Z minus 1 heranführen: *Im Thal, wie war's da?* Sehr langsam an Z annähern, dabei sorgfältig körperliche und emotionale Prozesse erfragen.

Wenn es zu dicht wird, über Z hinweg sofort zu Z plus 1 wechseln: *Wie haben Sie es geschafft, aus der U-Bahn am Marienplatz zu fliehen? Sind Sie gerannt, haben Sie Leute wahrgenommen, sind Sie mit der Rolltreppe oder über die Treppe nach oben gerannt? Was haben Sie oben getan?* Dies zielt darauf ab, Zugang zum eigenen Handeln vor und nach der Panik-Attacke zu kriegen und damit eine Ausweitung zu verhindern.

Eventuell auch Z minus 1 und Z plus 1 ausarbeiten und dann achtsam hin- und herpendeln, bis Z mit genügend Freiraum stabiler erfahrbar und fokussierbar wird.

Dann vorsichtig Bezug nehmen lassen zur Lebenssituation, Hintergründe der Angst, usw.

KAPITEL 12:
Psychoanalyse
– kurzbiografische Anmerkungen zu Freud und Jung

Die Psychoanalyse entstand zu einer Zeit, in der Wissenschaft und Rationalität aufblühten. Daher sind Freuds – damals bahnbrechende – Erkenntnisse mit physikalischen Termini durchwirkt: Verschiebung, Projektion, Verdrängung, Unbewusstes, Überbewusstes usf. Trotzdem ist es für eine zukunftsorientierte integrale Sichtweise durchaus von Bedeutung, die Entstehung der westlichen kognitiven Psychologie in ihren Grundzügen zu kennen.

Sigmund Freud betont – in Zeitkolorit eingefärbt – besonders das Streben nach geistiger Freiheit. Trieb- und Emotionsunterdrückung werden von ihm erstmals genau analysiert. Dies führte auch dazu, dass im 20.Jahrhundert kulturell eine Veränderung im Menschenbild, eine Liberalisierung in der Pädagogik und Erziehung stattfand. Gesundheit definiert Freud als Möglichkeit, liebesfähig zu sein sowie Arbeits- und Genussfähigkeit zu besitzen. Freuds Umgang mit seinen Kindern wurde von Jung als freundlich beschrieben. Freud selbst sagte, »dass man seit Rousseau wissen müsse, dass körperliche Züchtigung bei der Erziehung zu unterbleiben habe«.

Freuds wissenschaftlicher Werdegang: Freud hielt seine Beschreibung des besonderen Bewusstseinszustandes und die Entdeckung von Gesetzmäßigkeiten im Traum für das Kennzeichnendste seiner Wissenschaft: In nicht logischer Weise ist der Träumer fähig, Dinge zusammenzudenken und Raum und Zeit zu überschreiten. Die latenten Traumgedanken werden durch die Traumarbeit verdichtet, verschoben, plastisch dargestellt und sekundär bearbeitet. Der primäre latente Traumgedanke – die Impulse des Es – wird durch die Zensur des Über-Ichs in manifeste Trauminhalte transformiert.

Freuds Vorstellungen über den Ursprung der Religionen und der Kultur sind heute veraltet.

Er hinterließ ein umfangreiches Werk (18 Bände) und zusätzlich den Briefwechsel mit vielen angesehenen Personen seiner Zeit. Freud hielt seiner Zeit einen kritischen Spiegel vor. Bedeutend sind seine Arbeiten über die Entstehung der Neurosen, in denen auch der kulturelle Anteil daran, z. B. mit dem gesellschaftlich vorgegebenen Rollenbild der Frau, sichtbar wird.

Freuds Frauenbild ist aus heutiger Perspektive noch stark zeitgebunden »repressiv« – trotzdem: Zumindest in der therapeutischen Behandlung wollte Freud deren sexuelle Wünsche formulierbar werden lassen.

1934 wird bei Freud Gaumenkrebs diagnostiziert, den er tapfer bis zu seinem Tod erträgt. 1936 – in Deutschland ist Hitler bereits an der Macht – hält Thomas Mann im privaten Kreis den Festvortrag zu Freuds 80.Geburtstag. Auch Albert Einstein schreibt achtungsvoll anlässlich dieser Gelegenheit und betont den Einfluss der Ideen Freuds auf seine Epoche.

Nach dem Anschluss Österreichs erfolgen 1938 eine Hausdurchsuchung und weitere Schikanen. Roosevelt und auch Mussolini intervenieren zugunsten Freuds, so dass er mit Hilfe von Freunden im Juni über Paris nach London ausreisen kann. Dort stirbt er am 23. September 1939. Seine vier Schwestern kommen im Konzentrationslager um.

Es war die Zeit der großen Erfolge der klassischen Physik und Chemie. Freud dachte und fühlte naturwissenschaftlich, deterministisch und atheistisch. Er übertrug naturwissenschaftliches Denken auf die Erforschung menschlichen Denkens und Handelns. Daher stammen viele Begriffe aus der Physik, z. B. Energie, Spannung, Druck, Entladung, Verschiebung, Konservierung, Verdrängung, Mechanismus und Apparat. Doch im Alter sah auch er eine Grenze des Wissbaren. Bis zu seinem Tod stand er dem Okkulten (Spirituellen) – im Gegensatz zu Jung – stark ablehnend gegenüber.

Freuds Strukturmodell: Es, Ich und Über-Ich: Das unbewusste Es ist für Freud ein unorganisiertes Reservoir der Triebenergie. Triebe und Wünsche, die gemäß dem Lustprinzip agieren, streben nach Befriedigung, kennen keine Wertungen, kein Gut und Böse und keine Moral.

Das Ich bildet sich aus dem Es heraus. Das Ich entscheidet nach dem Realitäts- und nicht nach dem Lustprinzip, ob eine Befriedigung der Triebansprüche zugelassen werden kann.

Das Über-Ich enthält Verbots- und Idealfunktionen. Freuds Satz: »*Wo Es war, soll Ich werden*« erweitert Jung: »*Wo Ich war, soll Selbst werden*«. Damit korrigiert Jung Freuds Sichtweise. Er betont die Notwendigkeit der Individuation, indem in den späten Lebensabschnitten eine Verschiebung vom Ich zum Selbst notwendig wird.

Emigrierte Psychoanalytiker fanden nach dem Zweiten Weltkrieg in den USA ein weites Betätigungsfeld. Freud war nun Prophet einer quasireligiösen Strömung. Laut »Der Spiegel« (Nr.16, 2005, S.180) waren in den fünfziger Jahren in den USA die Psychoanalytiker-Praxen »so dicht gesät wie Optikerläden«. Auf erste Kritiken reagierte die Analytikervereinigung erbittert und wehrte sich gegen jegliche Form wissenschaftlicher Argumentation.

Als der Psychologe Hans Eysenck 1952 in London eine Studie vorlegte, nach der die Psychoanalyse die Genesung der Klienten sogar behindere, begann eine Welle der Ablehnung gegenüber Freuds Methode. Während 1945 in den USA ein Nicht-Psychoanalytiker kaum eine Chance hatte, Professor für Psychiatrie zu werden, erhielt in den siebziger Jahren kaum noch ein überzeugter Analytiker einen Lehrstuhl. Der einzige Ort – so die »Time« –, an dem heute noch Patienten auf der Couch liegen, seien Woody-Allen-Filme und Cartoons im »New Yorker«.

Carl Gustav Jung

wurde 1875 in Kesswil auf der Schweizer Seite des Bodensees geboren. Sein Vater war Pfarrer, der in diesem Beruf aber weder erfolgreich noch zufrieden war. Doch er konnte sich nie wirklich von der Bindung an die Kirche lösen. Die Ehe der Eltern war durch gegenseitige Enttäuschung gekennzeichnet.
Jungs Mutter war depressiv und befand sich öfter in Behandlung. Zudem hatte sie stark hysterische und borderline-gefärbte Stimmungen. Als C. G. Jung drei Jahre alt war, musste sie zu einer längeren Behandlung ins Baseler Spital. Auf die gespannten Beziehungen der Eltern reagierte der kleine Carl-Gustav mit Atemnot.

Sein Großvater, Arzt und ehemaliger Rektor der Universität Basel, zeigte – wie später sein Enkel auch – reges Interesse an Geisteskrankheiten. Früh zeigt sich eine Offenheit für Träume, Imaginationen und einen Zugang zu einer tiefen Ebene des nichtrationalen Wissens und Fühlens. Nach dem Medizinstudium promoviert Jung 1902 mit der Arbeit »Zur Psychologie und Pathologie sog. Okkulter Phänomene«. Jung selbst hatte bereits langjährige Erfahrung mit spiritistischen Séancen, die er mit seiner Cousine durchführte.

1907 begegnete er Freud zum ersten Mal in Wien – zwei Jahre später reisten beide gemeinsam in die Vereinigten Staaten. 1911 wurde die Internationale Psychoanalytische Gesellschaft gegründet, deren Präsident Jung wurde.

Im Laufe der Jahre entwickelten sich Freuds und Jungs Ansichten über die Psychoanalyse immer weiter auseinander, worunter auch die persönliche Bindung zusehends litt. Jungs Frau Emma versuchte mehrmals zu vermitteln, konnte aber nichts mehr bewirken.
Jung sah z. B. die Libido nicht ausschließlich als sexuell, sondern als eine eher unspezifische psychische Energie. Die Universalität des Ödipuskomplexes lehnte er ab, denn für ihn war die Mutter weniger das

Begierdeziel für sexuelle Inzucht, sondern sie hatte eine vorwiegend nährende und schützende Funktion. Die Rolle des Unbewussten sah er – in starkem Kontrast zu Freud – als viel universeller und über das Persönliche hinausgehend an. 1913 erfolgte die endgültige Trennung von Freud. Ab da nannte er seine eigene Psychologie »*Analytische Psychologie*«.

Jung beschäftigte sich zunehmend mit Mythologie, Alchemie, Religionsgeschichte, Okkultismus und Parapsychologie. Er leitete Expeditionen zur Erforschung alter Kulturen, z. B. zu den Elgonyi in Kenia, den Pueblo-Indianern in Arizona und nach Indien. 1948 gründete er das Jung-Institut in Zürich, das sich bis heute der Analytischen Psychologie widmet. Er starb mit 85 Jahren 1961 in Küsnacht.

Das persönliche Unbewusste beinhaltet »alle Vorgänge wie Vergessen, Verdrängen, auch unterschwellig Wahrgenommenes und unterschwellig Gefühltes und Gedachtes ohne Bewusstwerdung. Aber auch Zukünftiges, das sich im Inneren vorbereitet und erst später bewusst wird« (GW Bd. 8, S. 382). Nach Jung entsteht das persönliche Unbewusste aus der Interaktion zwischen dem kollektiven Unbewussten und dem Einfluss der Umgebung, in der man aufwächst.

Das kollektive Unbewusste: Das persönliche Unbewusste ist nur eine Oberschicht, die auf dem Fundament des kollektiven Unbewussten ruht. Dessen Bilder sind von mythologischem Charakter, die aber jederzeit neu entstehen können (GW Bd. 6, S. 919).

Das kollektive Unbewusste enthält die typischen Reaktionsweisen der Menschheit seit ihren Uranfängen, wie die Reaktion auf Angst, die Beziehung der Geschlechter, Hass, Liebe, Geburt, Tod, aber auch abstraktere Vorstellungen wie von der Macht des »hellen und dunklen Prinzips«.

Das kollektive Unbewusste zeigt sich in Bildern und Symbolen und kann über die Welt der Märchen, der Mythen, der individuellen Träume und durch Imaginationen erschlossen werden. Im Unbe-

wussten sind damit sowohl eine schöpferische Potenz wie eine destruktive Potenz enthalten.

Die Archetypen versteht Jung als archaische Überreste, als Urbilder und geistige Formen, die dem menschlichen Geist angeboren sind und als Niederschläge sich stets wiederholender Erfahrungen der Menschheit angesehen werden dürfen.

Spezielle Archetypen: Am leichtesten zugänglich ist der *Schatten,* denn er lässt sich weitgehend aus dem persönlichen Unbewussten erschließen.

Die *Anima* ist ein Archetypus des Seelenlebens und der Weiblichkeit im Unbewussten des Mannes. Dasselbe gilt auch von der Frau, auch sie hat ein angeborenes Bild *Animus* vom Mann.

Das Selbst als die Ganzheit unserer Psyche umfasst die bewussten und unbewussten Anteile und ist damit transzendent. Ich-Werdung und Autonomie-Aufbau sind wichtige Individuationsanforderungen in der ersten Lebenshälfte. In den späteren Lebensabschnitten ist es die dann notwendige Verschiebung vom Ich zum Selbst: *Wo Ich war, soll Selbst werden* (bei Freud: Wo Es war, soll Ich werden).

Jung versuchte, die Einheit von Leben und Sinn wiederzuentdecken, wobei er damit jedoch nicht außerhalb der Wissenschaft stehen wollte: »Es ist ja schließlich kein Vergnügen, immer als Esoteriker gelten zu müssen.« Jungs Weltanschauung ist, dass Makrokosmos und Mikrokosmos, Weltseele und Einzelseele, Ganzes und Teil unaufhebbar in einer wechselseitigen Verwiesenheit und Zeugenschaft zueinander stehen. Hier liegt die Offenheit der Analytischen Psychologie fürs Spirituelle begründet. In dieser Hinsicht geht Jungs Psychologie über den konventionellen Aussagebereich jeder personalen Psychologie hinaus.

KAPITEL 13:
Das Ich in der Psychologie

Das Ich in der Psychoanalyse

Sigmund Freud definiert das Ich als »ein Geschöpf, das drei Herren dienen muss und daher Gefahren ausgesetzt ist: durch die Außenwelt, durch die Libido des Es und durch die Strenge des Über-Ich … das Ich versucht, als Grenzgänger zwischen Welt und dem Es zu vermitteln, das Es für die Welt gefügig zu machen und die Welt den Wünschen des Es anzupassen«.

Ziel therapeutischen Bemühens ist aus der Sicht der Psychoanalyse, so weit wie möglich Faktoren aus der Vergangenheit zu verstehen, die in der Gegenwart unbewusst weiterwirken, umso mehr Kontrolle über einige dieser Faktoren zu erlangen. *Wo Es ist, soll Ich werden!*
Ein optimal funktionierendes Ich schafft die Anpassung an die Umgebung und bildet ein Gleichgewicht zwischen der Umgebung und den eigenen Kräften im Inneren.

Carl Gustav Jung unterscheidet zwischen Ich (Ego) und Selbst:
In der ersten Lebenshälfte ist es unsere Aufgabe, ein Ich zu entwickeln, das stark genug ist, um unsere Eltern zu verlassen, in die Welt hinauszugehen und Beziehungen einzugehen.
Der Dialog in der ersten Lebenshälfte ist der Dialog mit der Welt: Was verlangt die Welt von mir? Was kann und will ich erreichen? Liebesbeziehungen, Beruf, Familie, Kinder und Erfolg sind hier wichtige Themen.
Die zweite Lebenshälfte ist nach Jung dazu da, damit das Ich einen Dialog mit dem Selbst entwickelt: Was verlangt das Selbst von mir?

In der zweiten Lebenshälfte ist nicht mehr die Entwicklung des Ich vorrangig, sondern das In-Bezug-Setzen des Ich zu übergeordneten Wirklichkeiten. *Wo Ich ist, soll Selbst werden!* Das Selbst bei Jung entspricht in etwa der »Weisheit des Organismus« bei Rogers.

Alfred Adler betont die individuelle Einmaligkeit des Menschen. Das Ich wird mit der gesamten Persönlichkeit gleichgesetzt. Kontakt, Vertrauen und Empathie sind für Adler wichtige Grundhaltungen. Sein Konzept des Gewissens ist sehr viel optimistischer und positiver als bei Freud. Hauptthema bei Adler ist das Gemeinschaftsgefühl. Die Entwicklung von Werten und Idealen schafft Verbundenheit und Verantwortung. Damit wird eine sehr tief sitzende, sehr positive, natürliche Fürsorge für das Wohlergehen anderer gefördert, die mit Zusammenarbeit beginnt und sich zu einem Gefühl entwickelt, mit dem Ganzen verbunden zu sein, mit der gesamten Menschheit.

Das Ich in der personzentrierten Psychologie: Carl Rogers

In der klientenzentrierten Therapie wird die subjektive Wirklichkeit des Einzelnen empathisch und wertschätzend zurückgespiegelt und wahrnehmungspräzisierend verdichtet. So kann das Ich zunehmend auch abgedrängte, negativ bewertete oder verzerrte Aspekte in sein sich erweiterndes und veränderndes Selbstbild integrieren. Rogers betont in seinem Spätwerk auch Intuition als wichtiges Merkmal. Damit können tiefreichende Wachstums- und Heilungskräfte energetisch zum Tragen kommen.

Eugen Gendlin

Auch er betont das Vertrauen in die eigene Person, in die eigenen Empfindungen und die intuitiven Wahrnehmungsprozesse. Wenn das Ich dieses innere Geschehen in Bezug auf ein gerade anstehendes Thema unmittelbar erlebt, macht es bedeutsame Erfahrungen auf sinnhafte Art und Weise: Verweilt es achtsam-absichtslos bei der inneren Resonanz, kommt es zu einer direkten Bezugnahme mit dem Felt Sense (= gefühlter Sinn). Aus diesem zuerst meist vage und diffusen Erleben können sich sprachliche, bildhafte oder körperliche Bedeutungen entfalten, die ein unmittelbares Gefühl der Stimmigkeit auslösen.

Ich und Ichlosigkeit im spirituellen Sinne

Hat die kognitive Wissenschaft auf der Suche nach dem »Ich« die Grenze immer weiter nach innen verschoben, bis anscheinend gar kein »Innen« mehr übrigblieb (»Das Ich ist nirgendwo«), so kommt die östliche Philosophie zu dem Resultat: »Das Ich ist überall.« Für einen Weisen dürften die beiden Formulierungen jedoch nahezu das Gleiche bedeuten.

Schon im vierten Jahrhundert vor unserer Zeit hat Lao Tse das Ich als eine »Leihgabe des Alls« verstanden, »das kein Besitz ist, sondern eine zeitweilige Übernahme von etwas, das uns mit anderen um, vor und nach uns verbindet«. Indem das Ich nicht mehr reines Individuum sein muss, hat es Anteil am All-Einen.

Am achtzigsten Geburtstag des impressionistischen Malers Claude Monet (1840–1926) kam ein Kameramann aus Paris und wollte ihn fotografieren. Monet antwortete gelassen: »Kommen Sie im nächsten Frühjahr und fotografieren Sie meine Blumen im Garten, die sehen mir ähnlicher als ich.«

Diese gleichsam mystische Antwort zeigt auf, dass transzendente Spiritualität nicht mit Überich-Forderungen oder esoterischen Reinigungsritualen beginnen muss – sondern im staunenden Teil des einen Lebens, das in allem ist.

KAPITEL 14:
Spiritualität aus integraler Sicht

Integrale psychologische Berater unterstützen den persönlichen Veränderungsprozess und untersuchen die Methoden, die diesen Prozess ermöglichen und fördern. Psychische Probleme können damit auch in ihrer Sinnhaftigkeit und ihrer spirituellen Dimension wahrgenommen werden und einen Weg zu einer spirituellen Erfahrung jenseits formulierter Meditations- und Glaubenswege öffnen. Ein transzendenter Wachstumsprozess kann, muss aber nicht unbedingt einen Gott oder eine höhere Macht beinhalten.

Viktor Frankls Sinnhaftigkeit, etwas, das über uns hinausweist, das mehr ist als wir selbst, kann in der Familie, in stärkerer Selbstfindung oder im Dienst für andere als spirituell erlebt werden.

Dabei zentrieren wir die Aufmerksamkeit auf das, was *der* nächste Schritt ist, der notwendig ist, dass sich das entwickeln kann, was gerade ansteht, das, was sich im Moment mit erster Priorität meldet. Damit haben wir im Focusing den passenden Rahmen für eine gesunde Spiritualität vor uns, die sich gleichzeitig innerhalb eines Kontextes gesunder Psychologie entwickelt.

Wir lassen den Klienten immer selbst herausfinden, was für ihn der stimmige nächste Erkenntnisschritt ist und ob eine bestimmte Erfahrung für ihn spirituell ist oder nicht.

Gemeinsamkeiten integraler Psychologie und Spiritualität:

Bedingungslose Wertschätzung – diese Haltung ist auch im Spirituellen grundlegend. Was uns bedrängt, sollten wir schlicht und einfach wahrnehmen, ohne es zu beurteilen.

Spiegeln (verdichtetes Zurücksagen) – eine grundlegende klientenzentrierte Technik – hat auch in der spirituellen Innenschau einen bedeutenden Stellenwert: Der innere Zeuge spiegelt alle Gedanken und Empfindungen zurück, ohne ihnen nachzugehen, ohne sie zurückzuweisen – ganz so, wie ein Spiegel die Dinge, die vor ihm auftauchen, genau zurückspiegelt.

Ich, Selbst und Seele: Das Ich-Konzept der Psychologie wird in der Spiritualität nochmals vertieft und ausgeweitet: Das spirituelle Ich ist dasselbe Ich, das in jedem Neugeborenen erwacht, das Ich, das aus den Augen unserer Vorfahren blickte und das aus den Augen unserer Nachfahren blicken wird. Spiritualität betont also den transpersonalen Aspekt unseres Selbst.

Der Sufi-Meister Alfredo zeigt den spirituellen Weg anschaulich kurz in vier Schritten:

1. *Man betet zu Gott.*
2. *Man betet mit Gott.*
3. *Man betet in Gott.*
4. *Man betet nicht mehr – dann ist es Gott, der in dir »betet«.*

Eine solchermaßen »Fully functioning integral Person« wird auch die Antworten auf Lebens- und Sinnfragen nicht mehr vorwiegend im sprachlichen Diskurs suchen, sondern diese als tief vorsprachliche Antworten der Seele immer wieder ganzheitlich und neu erfahren.

Gute Frage zur Spiritualität:

Magst du diesem Satz nachspüren – in guter Distanz zum eigenen Ich: Es gibt etwas, das mich trägt und das mehr/größer ist als ich selbst.

In Indien gibt es fünf Objekte geistiger Erkenntnis (Dharmas):

Körperliche Form, Gefühle, Wahrnehmungen, geistige Funktionen und Bewusstsein.

Bewusstsein enthält alle anderen und ist die Grundlage ihrer Existenz. Übertragen auf die wahrnehmungspräzisierende Sichtweise von Focusing, heißt das: Wenn wir – präsent und achtsam – auf die Gegenwart von Körperempfindungen, Gefühlen, bildhaftem Erleben und geistiger Kognition fokussieren, erleben wir, dass jede einzelne Wahrnehmung eine innige Verbindung in uns und in der gesamten Welt hat. Damit kann ein tiefer spiritueller Felt Sense des Eins-Seins von Wirklichkeit entstehen.

Um wieder unsere vier Haupt-Wahrnehmungsebenen zu benennen:

Kognitiv: Hier dominiert die Kontrolle des Verstandes.
»Mindcontrol« findet in den Upanishaden und im Satipatthana statt.

Emotional: Hierbei wird die allumfassende Liebe als spiritueller Hauptweg betrachtet
(in der christlichen Liebesmystik und im Sufismus).

Körperempfindungen: Körperbeherrschung, Sinnes- und Triebbeherrschung werden als Voraussetzung für die befreiende Erfahrung des Absoluten angestrebt (Yoga).

Imaginativ: Durch ekstatische Erfahrungen wie z. B. in der Überatmungstechnik des »Rebirthing« erlebt man bildhaft andere (frühere) Welten. Aber auch imaginierte Erfahrungen in Übungen des tibetanischen Totenbuchs werden hier angewandt.

Spiritualität in der Psychotherapie: Spirituelle Fragen werden in der klassischen Psychoanalyse und in den kognitiven und Verhaltenstherapien oft als Symptom einer psychischen Fehlentwicklung bzw. als eine die Therapie behindernde Ideologie betrachtet. Humanistische Therapieformen zeigen dagegen eine größere Bereitschaft gegenüber religiöser Spiritualität.

Psychisch gesunde Menschen weisen in ihrer Spiritualität und in ihren Glaubensvollzügen eine größere Reife der Persönlichkeit auf, wodurch sie auf projektive Mechanismen und magische Kontrolle in der Außenwelt weitgehend verzichten können. Gesunde Spiritualität verfügt über ein stabiles Selbstwertgefühl und ein tragfähiges Urvertrauen.

Es gibt gewisse Übereinstimmungen zwischen den Grenzerfahrungen im Spirituellen und dem Beginn einer Psychose, vor allem im Zustand ekstatischer Verzückung. Wichtiges Unterscheidungskriterium ist hierbei die Autonomie und Integrität der Persönlichkeit. So ist im Zen-Buddhismus der »Zen-Koller« bekannt und gefürchtet: Nach oft wochenlangen intensiven Trainingsperioden kommt es immer wieder vor, dass Übende unter einen so großen psychischen Druck geraten, dass sie es nicht mehr aushalten und psychisch dekompensieren. Bei dieser negativen Ich-Auflösung – im Gegensatz zu der angestrebten positiven Ich-Transzendenz –kann es zu verschiedenen Reaktionen kommen, von desorientiertem Weglaufen über psychotische Schübe bis hin zum Selbstmord.

Integrale Therapeuten benötigen daher ein feines Unterscheidungsvermögen, um die unterschiedlichen Energiefelder wahrzunehmen: Ist eine Depression ein evtl. spiritueller Schritt nach vorne, indem die Wirklichkeit als »göttliche Komödie« erlebt wird, an der man immer weniger teilnimmt – um dann umso freier wieder in sie einzutauchen? Oder eine neurotische Dekompensation im pathologischen Sinne?

Ein wirklich kongruenter Mensch wird auch *humorvoll* sein. Denn mit zunehmender Akzeptanz und Empathie weitet sich auch das

Spektrum dessen, was wir noch tolerieren und liebevoll belächeln können.

Wolf Schneider (»Auf der Suche nach dem Wesentlichen«) schreibt, wir sollten auch lachen können über Heiliges, über Beängstigendes, vor allem über uns selbst – wer das kann, ist frei von engen Ideologien und Selbstkonzepten.

Ein weiser Mensch wird an seinem entspannten Lachen zu erkennen sein, mit dem er den »kosmischen Witz« unserer Existenz durchschaut. Denn das Leben testet uns immer wieder, ob wir genügend Humor haben, uns als oft komische Figur in dieser »göttlichen Komödie« zu sehen. Wer sich so sehen kann, als »Narr« (Europa) oder als tanzenden Shiva (Indien), ist auch in vielen anderen Dingen gelassener und freier. Der Hofnarr des Mittelalters und der absolutistischen Höfe verkörperte – wie auch der Narr aus dem Tarot und der europäischen Esoterik – den Niemand, den Weisen, der als Einziger alle Wahrheiten – auch die unbequemen – aussprechen durfte. Auch heute noch kann er als Joker im Kartenspiel jeden Platz einnehmen und ist damit die stärkste Karte im Spiel.

Hier noch eine kleine spirituell-ironische Anekdote:

Der Engländer Reshad Feild – der später in London das erste westliche Sufi-Zentrum gründete – folgte in jungen Jahren dem geheimnisvollen Türken Hamid in das Hochland von Anatolien, um sich dort in das Wissen der Derwische einführen zu lassen (R. Feild: »Ich ging den Weg des Derwisch«). Eines Tages begegnete Reshad seinem Meister in einem Café, vor sich eine Flasche Raki auf dem Tisch. Reshad entsetzt: »Meister, Ihr trinkt Alkohol – am helllichten Vormittag!«
Der Sufimeister hielt ihm die noch viertelvolle Flasche hin mit der deutlichen Aufforderung: »Trink! Trink sie in einem Zug aus!«
Reshad tat verstört, wie ihm geheißen wurde, ging dann angetrunken in sein Hotel, voller Zweifel an sich, an seinem Meister und am ganzen Sufismus.

Als er am Abend Hamid wiedertraf, wollte er wissen, warum – um Himmels willen – er den Raki austrinken musste. Hamid lächelnd: »Sag mal, tust du eigentlich alles, was man dir sagt??«

Eine schöne Darstellung des psycho-spirituellen Entwicklungsweges finden wir im japanischen Zen-Buddhismus:

Die zehn Ochsenbilder des Zen

1. Bild: Beginn der Suche: Der Mensch merkt, dass ihm etwas fehlt. Er macht sich auf die Suche. Im Buddhismus *steht Ochse als Bild für die eigene wahre Natur.* Der Ochse ist in Wirklichkeit nie verloren gegangen – doch der Mensch, der sich von seinem wahren Wesen abgewandt hat, hat ihn aus den Augen verloren. Der Hirte sieht sich einem Wirrsal von Wegen gegenüber.

2. Bild: Die ersten Spuren: Der Hirte entdeckt die ersten Spuren des Gesuchten. Er weiß noch nicht genau, was er sucht, er ahnt es nur. Auf der ersten Stufe, als er mit der Suche begann, hatte er noch Zweifel, ob er das Gesuchte finden könne – jetzt ist er voller Zuversicht.

3. Bild: Ein erster Blick: Zum ersten Mal erhascht er einen Blick auf das Gesuchte – einen Ochsen. Er bekommt eine erste Einsicht in das Wesen der Dinge und des eigenen Selbst – die beide im Grunde nicht verschieden sind. Der Hirte hat aber nur seinen Schwanz und die Hinterbeine gesehen. Er hat eine transpersonale Erfahrung gemacht, aber kann noch keine klare Antwort geben.

4. Bild: Der Ochse wird gefangen: Der Hirte hat mit einer Leine den Ochsen eingefangen, doch dieser wehrt sich noch heftig. Ein erster, unsicherer Kontakt zu den Kräften des Unbewussten/der Transzendenz ist hergestellt. Doch er kann in seinem Alltagsleben seinen Geist noch nicht so beherrschen, wie er es möchte. Dass alles so schwierig sein würde, damit hat er nicht gerechnet.

5. Bild: Zähmung des Ochsen: Der Hirte führt nun den Ochsen am Strick. Der Kontakt hat sich vertieft, aber es ist immer noch ein Kampf, bei dem einmal der Hirte (das Ich-Bewusstsein), dann wieder der Ochse (die Kräfte des Unbewussten) stärker sind. Der Ochse ist jetzt zwar einigermaßen zahm, aber es ist noch zu früh, zu glauben, das Tier sei besiegt.

6. Bild: Heimritt: Der Hirte reitet Flöte spielend auf dem Rücken des folgsamen Ochsen. Die Machtspiele haben aufgehört, der Hirte ist ruhig und sicher. Friedlich trottet der Ochse in der Abendstille heim. Der Hirte sitzt bequem auf seinem Rücken und blickt heiter zu den Wolken hinauf.

7. Bild: Der Ochse ist vergessen: Der Hirte ist wieder allein. Doch er hat sich verändert: Er hat sein inneres Wesen erkannt, die Kämpfe der Zweiheit, der Dualität sind vorbei. Jetzt vergisst man sogar die Erleuchtung. Ganz gleich, welche heiligen oder wunderbaren Gefühle und Zustände man erfahren mag – sobald man in Zusammenhang damit über sich selbst nachdenkt, fängt das an, zur Last zu werden. Man lässt alles geschehen, wie es will, und einfach wie einen Fluss vorbeiströmen. Der Ochse ist unser urinnerstes Wesen – das hat der Hirte nun erkannt.

8. Bild: Kein Ochse, kein Mensch: Es herrscht nichts als wache Offenheit. Der leere Kreis ist im Zen das Symbol für die Ganzheitserfahrung, die Erleuchtung (Satori). Nun ist man frei und offen, auf das einzugehen, was der Augenblick bringt. Der Mensch ist frei von Verblendungen, auch alle Vorstellungen von Heiligkeit sind verschwunden.

9. Bild: Rückkehr zum Ursprung: Bambus, Pflaumenblüten und Felsen – es ist das einfache Dasein der Dinge, über deren Wesen nicht mehr spekuliert zu werden braucht. Die Natur hat sich nicht verändert, der Mensch hat nach langem Bemühen seine Selbstentfremdung überwunden. Die Bäume blühen wie zuvor, und der Hirte ist ein lebendiger Teil davon.

10. Bild: Mit helfender Hand: Der Weg geht wieder zurück in die normale Alltagswelt. Kein Heiliger kommt zurück, sondern ein ganz normaler Mensch mit seinen Schwächen, die er jedoch kennt und mit Gelöstheit und Humor trägt. In unscheinbarer Gestalt, heiter und weltüberlegen, seine Weisheit nicht zur Schau tragend, geht er unters Volk.

Dieser letzte entscheidende Schritt führt weg vom einzelgängerischen Asketen hin zum Sich-Einsetzen für die anderen. Er denkt nur mehr daran, anderen Freude zu machen. Er geht seinen Weg und folgt nicht mehr den Schritten früherer Weiser. Andere Menschen führt er auf den Weg zum Bewusstsein. Spiritualität in asiatischen Meditationen, aber auch Beten in theistischen Religionen führt uns zu einer Innenschau, die uns für etwas Jenseitiges, Transzendentes, Heiliges öffnet. Spiritualität in diesem Sinne geht vom Erwachen unseres Bewusstseins aus.

Zeitgemäße Spiritualität erfordert, dass wir uns unser eigenes Leben realistisch vergegenwärtigen.

Es bedeutet, sich an den Platz im eigenen Leben zu stellen, an dem man eben steht, mit all seinen Eigenschaften, seiner Geschichte, seinem Sosein, seinem Bewusstsein und einem Aufwachen in diesem Fluss des eigenen Lebens: wie es sich anfühlt, in dieser Zeit, auf diesem Planeten, in dieser Familie, in dieser Kultur geboren zu sein und als Mensch in dieser Form zu leben.

Wirkliche spirituell offene Therapie führt zu einer vertieften Wahrnehmungsklarheit und schafft neben der Aufarbeitung individueller Themen einen akzeptierend empathischen Raum für spirituelle Präsenz. Heilung kommt nicht vom Therapeuten und auch nicht vom Guru, sondern immer aus dem Menschen selbst heraus. So bestätigt auch Pater Anselm Grün die Bedeutung, liebevoll in den Körper hineinzuspüren und der eigenen Sehnsucht zu trauen.

Lao-Tse schrieb schon vor 25 Jahrhunderten
über einen guten Führer:

Von einem guten Führer, der wenig darüber spricht,
wenn seine Arbeit getan ist
und sein Ziel erreicht ist, werden alle sagen:
»Wir haben es selbst getan.«

Interkulturell-spirituelle Zitate

Der Philosoph *Martin Buber* bestätigt mit seiner Haltung, wie wichtig es ist, hinter all den von anderen vorgegebenen Erkenntniswegen Bezug zu nehmen zu den eigenen tieferen Erfahrungen: *»Jeder kommt auf seine Weise zu Gott. Einer über Schweigen, der andere über Reden, einer über Fasten, ein anderer über dankbares Genießen von Speis und Trank«.*

Ein transzendenter Wachstumsprozess kann, muss aber nicht unbedingt einen Gott oder eine höhere Macht beinhalten. Etwas, das über uns hinausweist, das mehr ist als wir selbst, kann in der Familie, in stärkerer Selbstfindung oder im Dienst für andere spirituell erlebt werden (Viktor Frankl).

Der christliche Theologe Franz von Sales: *»Wenn dein Herz wandert oder leidet, bring es behutsam an seinen Platz zurück und versetze es sanft in die Gegenwart deines Herrn. Und selbst, wenn du in deinem Le-*

ben nichts getan hast außer dein Herz zurückzubringen und wieder in die
Gegenwart unseres Gottes zu versetzen, obwohl es jedes Mal wieder fort-
lief, nachdem du es zurückgeholt hattest, dann hast du dein Leben wohl
erfüllt.«

Abschließend Ibn Arabi (1165–1240, mystischer Dichter des Islam):
»*Mein Herz ist offen für jede Form; es ist eine Weide für Gazellen, ein Klos-
ter für christliche Mönche, ein Götzentempel, die Tafeln der Thora und das
Buch des Koran. Ich übe mich in der Religion der Liebe; in welcher Rich-
tung auch immer die Karawane zieht, die Religion der Liebe wird mein
Glaube sein.«*

Zeitgemäß kritische Würdigung von Spiritualität

Selbst-bewusst,
introspektiv

ethisch,
wert-
schätzend

PSYCHOLOGIE
SPIRITUALITÄT

empirisch,
objektiv

KULTUR

WISSENSCHAFT

Das Gute	Das Schö-	Das Wahre
WIR	ne ICH	ES

Seit der Postmoderne formierte sich die Erkenntnis, dass jegliche Er-
fahrung oder Erkenntnis immer schon interpretiert und konstruiert
ist. Vieles, was gegeben und zeitlos schien, wurde als konstruierte
(Macht-)Struktur enthüllt.
Neben dem »Ich« und der Subjektivität der Prämoderne sowie dem
»Es« und der Objektivität der Moderne fügte die Postmoderne das

»Wir« der Intersubjektivität hinzu. Bedeutung war damit nicht mehr nur subjektiv, auch nicht objektiv/äußerlich gegeben, sondern sie entsteht im zwischenmenschlichen Bereich (und zwischen allen empfindenden Wesen) durch Kommunikation, Kultur und globales Miteinander.

Doch diese Einsicht war dermaßen überwältigend, dass auch ihr das Schicksal der Verabsolutierung nicht erspart blieb, bevor ihre Grenzen richtig eingeschätzt werden konnten. Ein radikaler Relativismus führte dazu, dass heute postmodern-spirituelle Bohemiens auf dem Boulevard der Weltreligionen schlendern und sich nehmen, was sich ihnen anbietet. Dies ist die große postmodern-spirituelle Verwirrung der heutigen Zeit, in der Lifestyle-Identitäten ein wirkliches authentisches Transzendenzstreben zunehmend überschatten.

Der innerliche, individuelle Aspekt von Spiritualität

Für jeden Menschen gibt es einen prinzipiell zugänglichen Erfahrungsbereich des Metanormalen. Mystische Einheitserfahrungen – die (vorsprachliche) Wahrnehmung des Einsseins mit anderen und dem Kosmos, die Erfahrung von Liebe und Güte – sind jedem Menschen bekannt, wenn vielleicht auch nur aus bruchstückhaften Erinnerungen an besondere Situationen in der Kindheit oder in Liebesbeziehungen. Dieser Akt der Wahrnehmungsintensivierung kann immer mehr erweitert und vertieft werden (= Focusing).

Der kulturell-intersubjektive Aspekt von Spiritualität

Menschliche Entwicklung ist immer auch verwoben und bedingt durch die jeweilige Kultur.
Bei Transformationsübungen unterscheidet man zum Beispiel:
- den *christlich-mystischen* Weg, der den egoistischen Willen über eine Betonung der Hingabe an Gott auf den richtigen Weg leiten möchte

- den *buddhistischen* Weg mit seiner Lehre des Nicht-Anhaftens
- den taoistischen Weg in der Ermutigung des Vertrauens in das Tao
- den *psychotherapeutischen* Weg mit seiner Betonung der auf persönliche Reife und Wachstum ausgerichteten Ganzheitlichkeit: Gestörte Selbsteinschätzung wird durch Empathie und Güte (Akzeptanz) in Selbstakzeptanz und wachsende Kongruenz transformiert.

Es besteht ein deutlicher Zusammenhang zwischen spirituellen Erfahrungen und der jeweiligen sozialen und kulturellen Struktur. So erfährt ein christlicher Mystiker nicht einfach eine irgendwie unbekannte Wirklichkeit, die er dann »Gott« nennt, sondern er erlebt die zumindest teilweise vorgeformte christliche Erfahrung von Gott, Jesus oder dem Heiligen Geist.

Ein buddhistischer Mystiker wird hingegen seine spirituellen Erfahrungen als »Nirwana« erleben – nicht in Bedeutungen wie Jesus, Dreieinigkeit oder persönlicher Gott.

Ein Hindu-Mystiker hat sicher auch keine objektive Erfahrung, die er dann in der ihm vertrauten Sprache und den Symbolen des Hinduismus beschreibt, sondern er macht eine Hindu-Erfahrung – also eine kulturell zumindest vorgeformte Hindu-Erfahrung Brahmans.

Auch Heilige und Mystiker werden also von ihrer jeweiligen Kultur geprägt.

So zeigen beispielsweise indische Yogis keine Stigmata – die Wundmale Christi, genauso wenig tun dies Mönche der christlich-orthodoxen Kirche. Nur das westliche Christentum der römisch-katholischen Kirche kennt Ekstatiker, deren Hände und Füße am Karfreitag bluten. Katholische Heilige verfügen charakteristischerweise dagegen nicht über die körperliche Gewandtheit eines Lung-gom-Läufers aus Tibet oder über die durch östliche Kampfkünste inspirierten körperlichen Geschicklichkeiten von Zen-Meistern.

Gewisse Fähigkeiten werden auch durch soziale Konditionierung verformt oder unterdrückt.

So besitzen beispielsweise einige Sportler eine hochgradig ausgeprägte Selbstkontrolle, was darauf schließen lässt, dass sie in einer hinduistischen Kultur durchaus bedeutende Yogis werden könnten. Und einige mit reicher Einbildungsgabe und Fantasie versehene Persönlichkeiten in der Werbe- und Marketingbranche unserer Zeit haben imaginative Fähigkeiten, die sie zu einer anderen Zeit an einem anderen Ort zu begabten Mystikern gemacht hätten.

Der integrale Ansatz von Ken Wilber

Ken Wilber ist wie jeder Philosoph bemüht, die Welt, in der wir leben, zu erklären, zu ordnen und Muster, Strukturen und Zusammenhänge zu erkennen. Wilber hat in jahrzehntelanger Fleißarbeit vieles zusammengetragen, was andere aus unterschiedlichsten Erkenntnisdisziplinen dazu geleistet haben, um dann zu schauen, wie all diese Welt- oder Wirklichkeitserklärungen zusammenhängen.

Kritik an Wilber: Lebensweltliche Erfahrung kann sprachlich und kognitiv niemals vollständig mitgeteilt werden, daher muss man alle transpersonalen Begriffe immer mit einem »als ob« versehen. Wilber versucht eine Versöhnung von Naturwissenschaften und Spiritualität/Religion und kommt damit zwangsläufig zu einer normativen Festlegung. Das Aufblitzen der Wahrheit in der Seele der Kontemplation kann aber nie objektiv gültig dargestellt und klassifiziert werden.

Spirituelle Erfahrung ist nicht skalierbar, nicht messbar (z. B. absolut, ewig, zeitlos, allumfassend, grenzenlos, unfassbar). Der Quantenphysiker Hans Peter Dürr sagte auf einem integralen Treffen, dass ihm der frühe Wilber sehr gut gefällt – der spätere Wilber allerdings verfängt sich in einer überanstrengten Wissenschaftlichkeit, einer begrifflichen Überfrachtung (z.B.: horizontale / vertikale / diagonal-evolutionäre Erleuchtung) und in seinem Anspruch, eine »Theory of Everything« zu formulieren.

Wirkliche integrale Orientierung

Wenn jemand hohe geistige Zustände erfahren hat, müssen diese immer um die Einsicht ergänzt werden, dass man auch auf den anderen Ebenen und Stufen arbeiten kann und muss (Sport, Ernährung, Beziehungen, Lebensunterhalt, Psychotherapie). Menschen sprechen viel eher auf gesunde, kongruente Botschaften an, die sie dort »abholen«, wo sie sind, als auf höhere Botschaften, die durch Neurosen und Brüche auf den unteren Ebenen entstellt sind.

Mancher entwickelt sich zu einem spirituellen Menschen, der in seiner Selbstwahrnehmung weit ist und in seinem Umfeld auch sensibel ist – aber im Globalen wenig zuhause. Und umgekehrt: Manche Menschen handeln radikal global-aktivistisch, kommen aber zu wenig in ein inneres Fühlen und damit auch nicht wirklich zu einem Verwandeln des eigenen Bewusstseins. Wiederum andere fangen zwar im Individuellen an, sich zu öffnen, kommen aber vielleicht nur maximal bis zum Lokalen (z. B. nur bis zum Engagement für eine Umgehungsstraße). Ein integraler Bewusstseinswandel bedeutet also, die verschiedenen Ebenen in eine Durchdringung zu bringen, die sowohl unsere Selbstwahrnehmung erweitert und eine engagierte Verbundenheit erlebbar macht als auch zu einem sozialen und gesellschaftlichen Handeln führt, das dieser Verbundenheit entspringt.

Für integrales Denken und zeitgemäße Spiritualität gehören Körper, Geist und Seele untrennbar zusammen. Wirkliches stimmiges integrales Denken erweitert unsere Wahrnehmungsfähigkeit durch Empathie, Kongruenz und tolerante Akzeptanz.

Zum Abschluss dieses integral-spirituellen Kapitels nochmal das 10. Ochsenbild des Zen: Der Weg geht zurück in die normale Alltagswelt. Kein Heiliger, sondern ein ganz normaler Mensch mit seinen Schwächen steht vor uns. In unscheinbarer Gestalt, heiter und weltüberlegen, seine Weisheit nicht zur Schau tragend, geht er unters Volk. Dieser letzte entscheidende Schritt führt weg vom einzelgängerischen Asketen – oder klug-Erleuchteten – hin zum Sich-Einsetzen für die anderen, für die Umwelt und unser globales Sein.

Ein solcher Mensch folgt nicht mehr den Schritten früherer Weiser und Schriftgelehrter. Er führt uns auf den Weg zum Bewusstsein und zu einer Innenschau, die uns für etwas Transzendentes, Heiliges öffnet. Spiritualität in diesem Sinne geht vom Erwachen unseres Bewusstseins aus. Körper, Geist und Seele sind dann in einer Trinität integral verbunden.

KAPITEL 15:
Die Zeit

Gedanken zur Zeit
Vergangene Liebe ist bloß Erinnerung
Zukünftige Liebe ist ein Traum und ein
Wunsch. Nur in der Gegenwart, im Hier
und Heute können wir wirklich lieben.
Gautama Buddha

Kulturgeschichtlich wird »Zeit« mit jeweils unterschiedlichen Brillen wahrgenommen:
Zuerst fanden wir die Zeit in der Natur und am gestirnten Himmel über uns, dann in den Uhren und bei den Kirchturmglocken, und heute entdecken wir sie in Zeitplansystemen, in Seminaren über Zeitmanagement und in Vorträgen über die Zeit.

Jahrhundertelang hat die untergehende Sonne der Menschheit den Weg in die Betten gewiesen. Danach hat dann der Sendeschluss des Fernsehens diese Funktion übernommen. Heute kennen die Programme keinen Sendeschluss mehr, und wir müssen täglich selbst entscheiden, wann wir ins Bett gehen. (Über 70 % der Deutschen sind übermüdet: Die durchschnittliche Schlafdauer hat in den vergangenen 40 Jahren um zwei Stunden täglich abgenommen).

Was ist eigentlich »Zeit«? Der Zeitberater Karlheinz Geißler meint: Oberflächlich, aber global betrachtet, ist Zeit das, was die Schweizer in Form von Uhren herstellen, sie ist das, was die Deutschen zu ordnen versuchen, die Afrikaner eher verschwenden, von der die Buddhisten sagen, so etwas existiere überhaupt nicht, während die Nordamerikaner fest daran glauben, sie sei mit Geld identisch.

Zeitdefinitionen der Antike

Die alten griechischen Philosophen nannten die messbare Zeit **Chronos**. Diese ist im heutigen Zeitempfinden zu absoluter Größe und Macht geworden, denn ohne Zahlen geht fast nichts mehr. Diese Thematik ist naturwissenschaftlichem und analytischem Denken immanent.

Die kritische Prüfung der stärker werdenden Quantifizierung unserer Lebenswirklichkeit zeigt zum Beispiel auf, dass die Menschheit heute innerhalb von nur zwei Tagen so viele Daten generiert wie in ihrer gesamten Geschichte vor dem Jahr 2003 (Mau: Das metrische Wir, 2017). Bei der selbstquantifizierenden Wahrnehmung beginnt das Unwohlsein mit dem eigenen Körper nun nicht mehr da, wo der Körper von sich aus Signale sendet, sondern dort, wo die Daten Abweichungen von der Norm oder dem Ideal signalisieren. So können unter Umständen – trotz eines Mehrs an Sport – Blutdruck und Stress weiter ansteigen, möglicherweise gerade weil man ihn permanent misst und sich darüber Sorgen macht.

Kairos ist die erfahrene Zeit, wie wir sie innerlich subjektiv erleben. Kairos steht im Gegensatz zu Chronos. Kairos – das im richtigen Zeitpunkt subjektiv und bedeutsam Erlebte wurde in der späten Antike auch als Gottheit personifiziert. So fragt Poseidippos (3. Jh. v. Chr.) den personifizierten Gott Kairos:
Warum fällt dir eine Haarlocke in die Stirn? – *Damit mich ergreifen kann, wer mir begegnet.* Warum bist du am Hinterkopf kahl? – *Wenn ich mit fliegendem Fuß erst einmal vorbeigeglitten bin, wird mich auch keiner von hinten erwischen, sosehr er sich auch bemüht.*
Die Redensart »*Die Gelegenheit beim Schopf packen*« geht auf diese Darstellung zurück:
Wenn die Gelegenheit vorbei ist, kann man sie am »kahlen Hinterkopf« nicht mehr fassen.
Kairos ist heute Gegenstand der (personzentrierten) Psychologie. Deren Hauptsatz lautet:

Menschen verhalten sich Dingen gegenüber auf der Grundlage der Bedeutung, die diese Dinge für sie besitzen (Eugen Gendlin).

Aion (Äon) ist der Begriff für das Immer, die universelle grenzenlose Dauer des Kosmos ohne Vergangenheit und Zukunft. Bei **Platon** wird Aion als Gegensatz zur zyklisch fortschreitenden Zeit (Chronos) verstanden. Aion repräsentiert also die Ewigkeit, ohne Anfang und Ende. Aion wird in der Spiritualität als Einheitserfahrung angestrebt. Im »Ich bin« oder »Gott in mir« wird das zeitlose All-Eine oder Göttliche meditativ erfahrbar und als tiefste Wahrheit betrachtet.

Wir müssen lernen, unterschiedliche Zeitformen zu leben. Moderne Zeitkompetenz verlangt von uns, im richtigen Moment schnell und effektiv zu handeln und dann wieder präsent und achtsam in der eigenen Mitte zu ruhen. Hierzu brauchen wir eine hohe Flexibilität und die Fähigkeit, die Zeiten der verschiedenen Systeme und Ereignisse zu erkennen und uns auf sie einzustellen. Dies »kostet« Zeit und Energie. Nicht alle haben diese, und viele bekommen sie auch nicht zugestanden.

Heute gibt es zudem einen sich immer rascher beschleunigenden Wandel der Veränderung, und wir werden durch »Selbstoptimierung« immer stärker konditioniert: Wir vermessen uns selbst in digitalen Fitnessstudios, mit Hilfe von Schrittzählern, Emotionsscannern und anderem. Das antike *»Erkenne dich selbst!«* wird heute immer mehr abgelöst von der digitalen Variante *»Erscanne dich selbst!«*

Beginnende Zeitenwende: Postmoderne Achtsamkeit

Krisen- und Veränderungszeiten erfordern neue Fähigkeiten und Perspektiven, um mit dem umgehen zu lernen, was noch nicht ist, was aber rasant im Entstehen begriffen ist. Dafür benötigen wir eine kreativ-intuitive Intelligenz, die uns mit dem Wandel vertraut macht, der unmittelbar bevorsteht.

Thomas Steininger (in: Evolve, Magazin für Bewusstsein und Kultur, Januar 2021) beschreibt präzise formuliert, wie über die Jahrhunderte in Europa eine Welt unabhängiger Individuen entstanden ist, die einer objektiv messbaren Wirklichkeit gegenüberstanden. (Wir sind Gottes Schöpfung und machen uns die Erde untertan.) Das ist die Erfolgsgeschichte des naturwissenschaftlichen Zeitalters und der westlichen Marktwirtschaft.

(siehe dazu im nächsten Kapitel das integrale Entwicklungsmodell von Spiral Dynamics – mit ausführlichem Selbsttest).

Der Preis, den wir dafür zahlen, ist, dass Nicht-Fass-und Messbares nicht wirklich zählt. Steininger nennt dies ein »kulturelles Blickverbot« – dadurch wissen wir nicht mehr, wie wir Unfassbarem psycho-technisch, sozio-technisch, aber auch öko-technisch begegnen können. Nicht-Fassbares macht auch Angst – dieser kulturell-spirituelle Blickverlust ist Teil der großen Krise unserer Zeit, was eine neue Generation von Tiefen- und Humanökologen zunehmend erkennt. Denn wir sind Teil der gesamten Erde – nicht ihre Ausbeuter!

Achtsamkeitsbewegungen – in den 50er-Jahren entstanden (Beatniks, Humanistische Psychologie), in den 60er-Jahren dann als Gegenkultur in Europa zunehmend wirksam (Graf Dürkheim, ZEN, Sannyasins) – stellten unsere technische Kultur in Frage. Zu Beginn noch eine kleine Sub- und Gegenkultur, entwickelten sich diese Strömungen binnen weniger Jahrzehnte zu einem Megatrend unserer Gesellschaft.

Achtsamkeit wurde längst instrumentalisiert: Firmen wie Google oder Lufthansa bieten ihren Mitarbeitern heute Achtsamkeitstrainings – allerdings auch mit der Absicht, ihre MitarbeiterInnen damit besser in die Beschleunigungsmaschinerie zu integrieren.

Heute erleben wir eine zweite Welle der Achtsamkeit: Dialogarbeit, Aufstellungsarbeit, Social Presencing – und auch integrales Focusing. Dadurch entstehen gemeinsame integrale Perspektiven, die durch die Brille herkömmlicher Zweckrationalität bisher nicht möglich waren.

Kennzeichen einer zukunftsoffen-integralen Sichtweise: achtsames Bewusstsein, ein wacher und kritischer Geist und die Fähigkeit, Wahrnehmung von dogmatischen Vorurteilen zu unterscheiden.

Es ist heute auch Teil unserer Krise, dass unsere Blick-Gewohnheiten und unser gesellschaftlicher Konsens über das, was Wirklichkeit ist, fragwürdig geworden sind. Das Ingenieurs-Denken, das unsere technische Zivilisation ermöglicht hat, muss in seinen Errungenschaften zwar gewürdigt werden – wir verdanken ihm viel. Aber eine neue Kultur integral offener Achtsamkeit öffnet uns nun die Augen, wie begrenzt dieser Blick bisher war. Wir können von anderen – auch alten Kulturen – lernen, sehr viel offener zu sehen. Einen neuen Blick, der all das integriert und in Achtsamkeit weiter öffnet, diesen neuen Blick müssen wir erst gemeinsam finden.

SCHLUSSWORT

Dieses Buch hat empirisch-wissenschaftliches Denken und geistig-spirituelle Erkenntnissuche zu einer ganzheitlich-integralen Sichtweise verbunden, in der die Subjektivität vieler wissenschaftlicher, psychologischer und spiritueller Schulen integriert wird.

Die klare, eigenständige Gedankenführung und die Mut machenden Schlussfolgerungen können Ihnen helfen, bewusster durch das 21. Jahrhundert zu navigieren, offener für tiefere Sinnfragen zu werden und vielleicht sogar – zumindest ein wenig – weise zu werden.

Und jetzt – zum Schluss: noch viel persönlichen Erkenntnisgewinn mit »Spiral Dynamics«!

ZUSATZ-KAPITEL:
Kurzdarstellung eines integralen Entwicklungsmodells

In diesem letzten Kapitel möchte ich Ihnen ein Stufenmodell menschlicher Entwicklung vorstellen, das von magisch, mythisch-heroisch, konformistisch, rational bis zur integrativ-systemisch und integral-ganzheitlichen Ebene einen interessanten Überblick über unsere Wirklichkeit gibt. Wie jedes Modell präsentiert es Stufen, die aber durchaus viel Erkenntnis bringen können. Anschließend können Sie in einem von mir entworfenen Fragebogen Ihre jeweiligen Schwerpunkte in diesem Entwicklungsgeschehen herausfinden.
Viel (»regenbogenfarbigen«) Erkenntnisgewinn zum Abschluss unserer ausführlichen integralen Betrachtungen!

(Spiral Dynamics)
mit ausführlichem Selbsteinschätzungstest

Evolutionäre Stufenabfolgen gibt es in der Menschheitsgeschichte wie in jeder individuellen Persönlichkeitsentwicklung. Diese Entwicklungsstufen gelten sowohl für die Menschheitsgeschichte insgesamt wie auch für die Entwicklung jedes Einzelnen, die sich vom Kleinkind bis zum alten Menschen erstreckt.

Unsere tiefsten Impulse und Gefühle stammen aus der ältesten Erfahrungsgeschichte der Menschheit (Stammhirn) und färben in jedem von uns mehr oder weniger ausgeprägt in bestimmten Situationen unsere Verhaltensweisen (kollektives Unbewusstes, kulturelle Werte und Normen, familiensystemisch gebundene verdeckte »Schatten«). Spätere Kulturniveaus setzen die früheren voraus, und alle Stufen müssen hintereinander durchlaufen werden.

Im Folgenden sehen Sie eine Darstellung der Entwicklungsstufen – jeweils unterteilt in eine kulturhistorische, ontologische (= Kindheitsentwicklung) und Erwachsenen-Sichtweise. Die Farbbezeichnungen sind dabei nur eine vereinfachende Symbolik.

Kurzdarstellung der Entwicklungsstufen:

Die 1. Stufe – magisch-rituell
Das Leben in Stämmen – ab 70.000 v.Chr. (mittleres Paläolithikum)
In den allerersten Menschheitsgruppen steht der Kampf ums Überleben an vorderster Stelle. Zur Sicherung und Festigung einer Gruppenstruktur existieren Rituale und soziale Regeln. Es existieren magische Geister, die Segen, Verwünschungen und Zaubersprüche verteilen und die als Ahnen die Bindung innerhalb des Stammes festigen. Tradition ist wichtig, der Einzelne ordnet sich in die Gruppe ein. Ältere haben Vorrang vor den Jüngeren.

Die 1.Stufe (beim Kind): Entwicklung im 1. Lebensjahr
Das Kind – noch ganz in der Symbiose mit der Bezugsperson – entwickelt eine tiefe Lebensgrundhaltung, die schon unmittelbar nach der Geburt durch spiegelneuronale Vorgänge in eine interaktive soziale Lebenswelt eingebunden wird. Ab dem circa achten Monat entwickeln sich aus dem symbiotischen »Wir« ein immer klareres »Ich« und »Du«. Jetzt gewinnen magisch-animistische Objekte an Bedeutung: eine Schmusedecke, ein Lieblingskuscheltier und andere vertraute Dinge. Wenn sich ein kleines Kind an einer Stuhlkante stößt, ist der Stuhl »böse«, und die Mama schimpft den »bösen Stuhl«. Feste Rituale bekommen einen hohen Stellenwert. In Märchen und Mythen verschwimmen die Grenzen zwischen Wirklichkeit und Fantasie sehr stark.

Die 1. Stufe im Erwachsenenleben: In Zeiten des Wandels und der zunehmenden Unsicherheiten gewinnen purpurne Rituale heute wieder stärker an Bedeutung: Magische Kräfte vermitteln ein Gefühl von Kontrolle. Altvertraute Rituale wie Hochzeiten, Taufen, Beerdigungen oder kirchliche Feste folgen einem traditionell festgelegten rituellen Regelwerk.
Purpurne Wurzeln in den Religionen finden wir in Reliquien, Ikonen, ritualisierten Gesängen, aber auch in der magischen Wirkung gesegneter Oblaten und in den Schilderungen übernatürlicher Fähigkeiten von

Propheten, Gottessöhnen und Gurus. Der Mystizismus von Purpur zeigt sich auch im Plastik-Jesus auf dem Armaturenbrett, im Bekreuzigen bei einem Unglück oder wenn Sie dreimal auf Holz klopfen. Auf Esoterikmessen kaufen Großstädter tief-purpurnes Reliquiar für viel Geld.

Die 2. Stufe – heroisch-individualistisch – ab ca. 7000 v. Chr.

Die frühen Jäger und Sammler haben sich nun zu Ackerbau- und Viehzucht-Kulturen weiterentwickelt, starre Traditionen werden immer mehr in Frage gestellt, und Unabhängigkeit und individuelle Freiheit werden angestrebt. Magische Praktiken nehmen ab, und der Götterhimmel füllt sich mit starken (mythischen) Helden: Zeus, Wotan und Jahwe kennen aber auch Rachsucht, Arroganz und Jähzorn. Der Götterhimmel wird jetzt ziemlich wagnerianisch – und männlich. Mutige Individuen bezwingen Berggipfel und trotzen den Gefahren des Meeres. Starke Feudalherrscher bieten Schutz im Austausch gegen Gehorsam und Arbeit.

Die 2. Stufe (beim Kind): Entwicklung vom 2. bis zum 4. Lebensjahr

Das Kleinkind wird eigenständig und versucht, seinen eigenen Willen durchzusetzen. Diese Trotzphasen sind manchmal impulsiv und wild, aber auch kreativ und ein normaler Teil der menschlichen Entwicklung. Diese machtvolle Phase taucht nochmals während der hormonellen Verwirrung der Pubertät auf (die manche nie wirklich verlassen!). Beispiele dafür sind in Sagen, Mythen, Comics und im allabendlichen Fernsehprogramm zahlreich zu finden. Das Männliche wird stark betont, das Weiche, Weibliche (Yin) in den Schatten verbannt.

Die 2. Stufe im Erwachsenenleben:

Mit gesunden Anteilen dieser Stufe lieben Menschen Spaß und schöpfen ihr Leben bis auf den Grund aus. Das Leben besteht aus Herausforderungen und heldenhaften Taten. Viele Sportarten sind hier beheimatet – sowie Videospiele, Abenteuerurlaube und festlich zelebrierte Boxkämpfe. Im problematischen (Schatten-)Bereich dieser Stufe finden wir gewissenlose Machtmenschen, denen es nur um den eigenen Vorteil geht (James-Bond-Bösewichte, diverse »Staatenlenker«, »Top«-Manager u. a.).

Die 3. Stufe – konformistisch-hierarchisch – ab ca. 3000 v.Chr.

Der Expansionsdrang heldenhafter Taten stößt bei zunehmendem Bevölkerungswachstum und gesellschaftlicher Komplexität immer mehr an seine Grenzen. Neue Ordnungssysteme entstehen, Gewalt wird staatlich monopolisiert. In Staaten und Großreichen werden Verhaltensregeln definiert, die auf absolutistischen und unveränderlichen Prinzipien von »richtig« und »falsch« basieren. Das Leben hat einen höheren Sinn, wobei man sich den Anordnungen einer wahren Autorität unterwirft. Pflichterfüllung, Treue, die Aufgabe weltlicher Freuden zugunsten einer höheren Berufung verschaffen eine neue Art von anhaltender Befriedigung und tiefer Zugehörigkeit.

Die 3. Stufe (beim Kind): Entwicklung vom 4. bis zum 6. Lebensjahr
Das Kind entwickelt in dieser Phase zunehmend Verständnis für Regeln und Autoritäten. Es unterscheidet Gut und Schlecht, Gerecht und Ungerecht. Es wird empfänglich für sinnvolle Gemeinschaftsaufgaben und erlebt sich zugehörig zu einer größeren Gemeinschaft.

Die 3. Stufe im Erwachsenenleben: Das Leben hat Sinn, es gibt eine klare Ethik und tiefe Überzeugungen von Richtig und Falsch. Wer sich an die gemeinsamen Regeln hält, wird belohnt. Es geht um Zusammengehörigkeit. In »tiefblauen« Unternehmen ist wenig Platz für Leichtfertigkeit, hingegen viel für feierliche Momente. Pflichterfüllung und Firmenzugehörigkeit werden belohnt.

Die 4. Stufe – materialistisch-erfolgsorientiert – ab ca. 1700 n.Chr.

In der Renaissance werden die Prinzipien der Rationalität und Effektivität entwickelt. Die Welt wird als ein Schachbrett verstanden, auf dem Spiele gespielt werden, bei denen die Gewinner Vorrang und Vergünstigungen gegenüber den Verlierern erhalten.
Die alte (blaue) Welt des Mittelalters war noch voller Sakramente, Formalitäten und starrer sozialer Strukturen. Neu auftauchendes »Orange« bringt ein Gefühl persönlicher Stärke mit sich, und Wissenschaft, Medizin und Bildungswesen schaffen einen noch nie dage-

wesenen materiellen und geistigen Wohlstand für einen Großteil des entstehenden Bürgertums.

Die 4. Stufe (beim Kind): circa ab dem 7. Lebensjahr: individualistisch, erfolgsorientiert

Das Kind entwickelt ab dem circa 7. Lebensjahr ein zunehmend realistischeres Weltbild und verabschiedet sich von der magisch-mythischen Welt des Kleinkindes. Es lernt Leistungsmotivation und das Konkurrenzprinzip. Im gesunden Bereich entwickeln Kinder eine personale Energie für einen eigenständigen Platz in der Welt.

Überzogene (gestört-orangene) Leistungserwartungen mancher Eltern und Schulen drängen die eigene Befindlichkeit und Wahrnehmungsfähigkeit von Kindern jedoch zugunsten eines überstarken Gewinnerdenkens oftmals so stark in den Hintergrund, dass Kinder- und Jugendsuizid in Deutschland derzeit die häufigste Todesursache in dieser Lebensphase ist.

Die 4. Stufe im Erwachsenenleben: In Orange gibt es viele Chancen und Wege, und die besten für sich kann und sollte man individuell herausfinden. »Hilf dir selbst, dann hilft dir Gott« ist die Devise des Kapitalismus. Strategische Beziehungen werden aufrechterhalten – tiefe Beziehungen und menschliche Begegnungen finden kaum statt. In Orange haben Menschen oft eine Abneigung gegenüber Sozialprogrammen, weil dabei »einfach nur Geld verteilt« wird. Statt Anspruchsberechtigung will man Arbeitsprogramme schaffen.

Die 5. Stufe: fürsorglich-humanistisch – ab ca.1850
neu aktiviert und weiterentwickelt – ab ca. 1960

Der Kapitalismus wird als System der Entfremdung zunehmend kritisiert, liebevolles Sorgen für die Erde und für das Leben bekommt einen neuen Stellenwert. In der Romantik wurden die Wurzeln der menschlichen Natur wiederentdeckt – ein Daseinsgefühl, das sich solidarisch mit allem Leben definiert.

Doch das Pendel schlug – wie so oft – zu weit aus: Rousseau (»Der edle

Wilde«) war – wie viele Romantiker – der Meinung, dass mitfühlende Menschlichkeit umso besser erhalten bliebe, je weniger man mit der Zivilisation in Berührung käme: »Alles ist gut, wie es aus den Händen des Schöpfers kommt; alles entartet unter den Händen des Menschen.« Für die Romantiker war der Feind des Seins das Haben – von Erich Fromm im 20. Jahrhundert aktuell wieder aufgegriffen. Im gesunden Grün geht es um ein Präsentsein in und mit dieser Welt. Als Reaktion auf die Exzesse von »Orange« fordert man eine Regulierung des unkontrollierten Wachstums und den Schutz bedrohter Arten. Ökologie bekommt einen hohen Stellenwert.

Die 5. Stufe: Pubertät bis frühes Erwachsenenalter
In und nach der Pubertät entwickelt sich allmählich eine erste Erwachsenenidentität. Ein reiferes Ich-Bewusstsein beginnt sich auszuformen. Der Jugendliche löst sich zunehmend von den Erwartungen und Vorstellungen der Eltern und entwickelt eigenständig-kritische Weltsichten. Moderne Kommunikationstechniken und Reisen ins Ausland fördern neue weltzentrische und zukunftsoffene Kompetenzen.

Die 5. Stufe im Erwachsenenleben: Neue Gruppenzusammenhänge entstehen. Soziales Miteinander wird im persönlichen Freundeskreis gelebt, wobei innere Fähigkeiten und Weltsichten zunehmend wichtiger als äußere Dinge werden: In gesundem Grün hat beides – Sein und Haben – seine Berechtigung.
Bei stark grünen Gruppierungen findet man manchmal aber auch eine gewisse Distanziertheit gegenüber anderen Anschauungen (z. B. Fleischessern, Bänkern). In dieser ungesunden Form von Grün blickt man auf jeden herab, der nicht die eigenen ätherisch-feinen Interessen und die eigene Fachsprache teilt. Menschen mit gesundem Grün, die auch über ein gesundes Blau verfügen, vertreten hingegen liebevoll ihre starken Glaubensüberzeugungen für eine gesunde Welt und können zugleich auch vollständige und freie Meinungsäußerungen gewähren.

Die 6. Stufe – Die integrativ-systemische Ebene – ab ca. 1980

Beim Übergang von *Grün* nach *Gelb* erhalten Flexibilität, Spontaneität und Funktionalität einen hohen Stellenwert. Toleranz steigt, Paradoxien und Unsicherheiten werden besser akzeptiert. Es gibt nun viele Vorgehensweisen: die *blaue* Suche nach wahrem Sinn und Zweck im Leben, das *orange* Streben, hervorragend zu sein, das *rote* Bedürfnis nach Macht sowie den *purpurnen* Drang, sich in einem geschützten Kreis zu versammeln. Jetzt kann man wahrnehmen, dass die einst zu ihrer Zeit erfolgreichen Lebensweisen der ersten Ordnungen (Stufen 1 bis 5) heute vieles gefährden. Wir benötigen daher neue soziale Prioritäten und Wege der Entscheidungsfindung. Dazu gehört, dass wir unterschiedliche Wertesysteme anerkennen und bei Störungen effektiv handeln: Wenn Purpur krank ist, muss es gesund gemacht werden. Wenn Rot Amok läuft, muss die rohe Kraft kanalisiert werden. Wenn Blau säuerlich sich nur aufs Strafen verlegt, muss es reformiert werden. Es geht um das Überleben im globalen Dorf und um koexistente Wirklichkeiten.

Die 6. Stufe im Erwachsenenleben: systemisch-integrativ, weltzentrisch

Mit dem Eintritt ins Erwachsenenalter wächst das Verständnis für globale Zusammenhänge. Ein Mensch in diesem Entwicklungsstadium hat die Fähigkeit, sich auf allen Stufen kompetent zu verhalten, wenn die Lebensumstände dies erfordern. Lebenslanges Lernen und Experimentieren sind nun Grundkompetenzen. Autorität wird kontextabhängig gesehen: Wer am besten ausgestattet und am fähigsten ist, erlangt für eine bestimmte Aufgabe Autorität.

Moderne Kommunikationstechniken vernetzen unterschiedliche Wirklichkeitsbereiche. Systemisches Denken ersetzt zunehmend ein rein wissenschaftliches Fortschrittsdenken. Neues Verantwortungsbewusstsein und Engagement für die gesamte Biosphäre erwachen. Übergang *Gelb/Türkis:* Es zeigt sich jedoch, dass die großen gelben Fragen auf Dauer nicht von Einzelnen beantwortet werden können – ein neuer Gemeinschaftssinn beginnt, die gelb geprägten Menschen, die sich in der Bejahung der Einzigartigkeit des Lebens oft sehr alleine fühlen, zu berühren. Spiritualität gewinnt zunehmend an Bedeutung – auch bei Astrophysikern, Mathematikern und fortgeschritten Denkenden. Systeme werden zunehmend als lebendige Organismen begriffen. Ein Gefühl für Gemeinschaft taucht wieder auf, allerdings ohne die oftmals schwere – weltanschaulich gebundene – emotionale Last des grünen Herumtastens.

Die 7. Stufe – integral-holistisch – ab circa 2000
Da die Welt aus miteinander verknüpften Ursachen und Folgen besteht – aus interagierenden Energiefeldern und Kommunikationsebenen, welche die meisten von uns noch zu entdecken haben –, brauchen wir tiefere geistige und spirituelle Fähigkeiten.

In *Purpur* versuchte man, Geister zu besänftigen, jene Wesen, die Glück und Unglück bringen. Man hoffte, einst in »glücklichen Jagdgründen« zu ihnen zu stoßen. In *Blau* wird Spiritualität durch Glaubensvorstellungen und Wahrheiten definiert, die einen Verhaltenskodex vorschreiben. In *Grün* befindet sich die befreiende Kraft letztendlich in jedem Menschen, die sich am besten mit anderen in achtsam-humanistischem Zusammenhang erforschen und entwickeln lässt. In *Gelb* versucht man, Menschen, Funktionen und Knotenpunkte in Netzwerke und Ebenen einzubinden. Und in *Türkis* spürt man die Energiefelder, die all dies natürlicherweise einhüllen, umfließen und durchströmen.

Zusammenfassung und Ausblick: Auf den ersten fünf Stufen wird die jeweilige Weltsicht meist als die einzig richtige oder beste Perspektive gesehen: *Blaue* Ordnung fühlt sich sehr unbehaglich bei *roter* Impulsivität und *orangem* Individualismus. *Oranger* Individualismus denkt, dass *blaue* Ordnung etwas für »nützliche Idioten« ist und dass *grüner* Egalitarismus schwach und butterweich ist. *Grüner* Egalitarismus verträgt kein Elitedenken, ist empfindlich gegenüber Hierarchien und allem, was auch nur entfernt autoritär erscheint.

Ab der sechsten Stufe *(gelb)* kann zum ersten Mal das gesamte Spektrum anschaulich und lebendig erfasst werden. Menschen lernen, horizontal und vertikal zu denken – die Farben »vertragen« sich und werden als sich ergänzend und transzendierend erkannt. Jede Ebene ist jetzt in ihrer gesunden Ausprägung für die gesamte Entwicklung von Bedeutung. Menschen mit diesem Bewusstsein können sich – je nach Situation – auf allen Stufen kompetent verhalten:

In Notfallsituationen können *rote* Kraftimpulse aktiviert werden; bei Chaos müssen wir vielleicht auf die *blaue* Ordnung zurückgreifen; bei der Suche nach Arbeit benötigen wir *orange* zielorientierte Leistungsfähigkeit; mit Freunden leben wir *grüne* Beziehungsfähigkeiten.

Die Systeme der verschiedenen Weltsichten sind von fließenden Übergängen gekennzeichnet, mit vielen Mischformen statt reinen Typen. Jeremy Rifkin (»Die empathische Zivilisation«) weist darauf hin, dass die Mehrheit der Weltbevölkerung derzeit noch nicht einmal die moderne *(orange)* Stufe erreicht hat und deshalb auch die Werte eines postmodernen Bewusstseins noch gar nicht annehmen kann. Der nächste Schritt für die Mehrheit der Weltbevölkerung liegt im Übergang zum traditionellen oder modernen Bewusstsein. Wir müssen Lösungsansätze finden, die nicht voraussetzen, dass die ganze Welt durch eine mehr oder weniger erzwungene »Transformation« (durch den Westen) plötzlich postmodern zu sein hat.

Eigeneinschätzung – Test

Auf welcher Stufe leben Sie momentan schwerpunktmäßig?

Lesen Sie die folgenden 49 Aussagen durch und kreuzen Sie spontan an, wie sehr Sie der jeweiligen Aussage zustimmen: 0 = *gar nicht*
1 = *ein wenig* 2 = *viel* 3 = *total*
Anschließend tragen Sie Ihre Antworten – von jeder Frage – in die Auswertungstabelle ein. Ein wenig Geduld – aber es lohnt sich!

1. Ich betrachte die Dinge als klar in Richtig und Falsch – oder psychologisch in Stimmig und Unstimmig unterteilt.   0 1 2 3

2. Die meisten Menschen sind sehr wohl in der Lage, ihre Ziele klar zu verfolgen und sich selbst zu kontrollieren.   0 1 2 3

3. Wirklicher Frieden zwischen Menschen und Völkern fängt im alltäglichen liebevollen Umgang miteinander an.   0 1 2 3

4. Gemeinschaften brauchen Rituale, die ihnen ein verbindliches Miteinander ermöglichen.   0 1 2 3

5. Fragwürdige Autoritäten kann ich nicht leicht tolerieren – sie fordern meinen Widerspruch heraus.   0 1 2 3

6. Alle Materie ist vom Geist durchdrungen. Religion und Naturwissenschaften stellen für mich keine Gegensätze mehr dar.   0 1 2 3

7. Ich schätze Glücksbringer und magische Steine.   0 1 2 3

8. Mir fällt es leicht, anzuerkennen, dass alle Standpunkte eine gewisse Gültigkeit haben.   0 1 2 3

9. Eine Gesellschaft kann nicht glücklich werden, solange es auf der Welt so viele Benachteiligte und Ausgegrenzte gibt.　　0 1 2 3

10. Ich würde meine Ideale niemals verraten, nur um beruflich weiterzukommen. Der Zweck heiligt nicht die Mittel.　　0 1 2 3

11. Ich neige dazu, andere durch kluge und scharfe Fragen manchmal aggressiv herauszufordern.　　0 1 2 3

12. Ich mag ein dynamisches Umfeld, in dem fairer Wettkampf herrscht und Leistung belohnt wird.　　0 1 2 3

13. Fragen öffnen Perspektiven und neue Räume. Antworten sind immer begrenzt, vorläufig und zeitbedingt.　　0 1 2 3

14. Auf Kraftplätzen kann ich spüren, wie viel rituelle Energie dort vorhanden ist.　　0 1 2 3

15. Manchmal habe ich das Bedürfnis, denen, die mir nahestehen, zu sagen, was mit ihnen nicht stimmt.　　0 1 2 3

16. Ich brauche Menschen um mich herum, die ehrlich und verlässlich sind.　　0 1 2 3

17. In jedem Aspekt oder Element des Universums steckt ein Stück Bewusstsein. Alles ist in einem kosmischen Netz verwoben.　　0 1 2 3

18. Wirkungsvolle Menschenführung besteht darin, dass man Leute dazu bringt, Optimales zu leisten, statt immer nur auf das eigene Wohlergehen zu schauen.　　0 1 2 3

19. Meines Erachtens wäre der Gesellschaft damit gedient, wenn die bestehenden Gesetze strenger angewendet würden.　　0 1 2 3

20. Ich mag Computerspiele, bei denen ich – wenn ich gut bin – als Held gewinnen kann.   0 1 2 3

21. Ich bin anderen Menschen gegenüber sehr sensibel und empfindsam – manchmal bezeichnen mich andere wohlwollend als »Gedankenleser«.   0 1 2 3

22. Ich kann in schwierigen Situationen oftmals einen inneren Freiraum herstellen, indem ich meine Probleme im Verhältnis zu den wirklichen Problemen des Lebens relativiere.   0 1 2 3

23. Das Einkommen eines Mitarbeiters sollte sich an seinem Engagement ausrichten.   0 1 2 3

24. Ich empfinde mich als Weltbürger und habe eine tiefe Liebe für die Menschen und die gesamte Biosphäre.   0 1 2 3

25. Menschen, die übertrieben unterwürfig sind und beim geringsten Druck nachgeben, regen mich auf.   0 1 2 3

26. Meiner Familie gegenüber fühle ich mich stark verbunden und empfinde ein starkes Pflichtgefühl.   0 1 2 3

27. Ich erlebe mich als offen und flexibel und beurteile selten, falls überhaupt, die Fragen des Lebens eindeutig mit »richtig« oder »falsch«   0 1 2 3

28. In persönlichen Krisensituationen suche ich Hilfe und Verständnis bei guten Freunden und/oder bei einfühlsamen Therapeuten.   0 1 2 3

29. Menschen, die ständig Hilfe fordern, kritisiere ich im Stillen innerlich dafür, keine wirkliche Verantwortung für ihr Leben zu übernehmen.   0 1 2 3

30. Ich kann längerfristig und in größeren Zusammenhängen denken. Bei Entscheidungen im Alltag bin ich flexibel und unideologisch.   0 1 2 3

31. Ich fühle mich manchmal mit dem Göttlichen/All-Einen so verbunden, dass ich mich über alle Weltanschauungen und Glaubensfragen hinweg tief als Teil der Menschheitsseele empfinden kann.   0 1 2 3

32. Ich fahre gerne schnell Auto, wenn die Straßenverhältnisse dies zulassen.   0 1 2 3

33. Wenn Menschen bestimmte Rituale praktizieren – eine Statue an einer bestimmten Stelle berühren oder Kerzen für einen Wunsch stiften –, dann kann ich mich anschließen. Vielleicht bringt das ja Glück?   0 1 2 3

34. Heute lassen sich viel zu viele Menschen durch andere herumschubsen.   0 1 2 3

35. In Krisen kann ich in die eigene Seele eintauchen und erlebe dabei immer wieder die Kraft einer universellen Energie, die mich mein Schicksal relativieren lässt.   0 1 2 3

36. Ich halte mich prinzipiell an Gesetze – nachts warte ich an einer roten Ampel, auch wenn kein Auto kommt. Ich schummle auch nicht bei der Steuer   0 1 2 3

37. Eventuell einmal zu einer Wahrsagerin oder zu einem Hellseher zu gehen – so ganz schließe ich das nicht aus.   0 1 2 3

38. Gesetze sind wichtig, um die Menschen in Schach zu halten. 0 1 2 3

39. Ich kombiniere und vernetze gerne Ideen auf eine neue, interessante Weise. 0 1 2 3

40. Ich bin auf lebenslanges Lernen eingestellt und sehe mein Leben als immerwährenden Bewusstseins-Veränderungsprozess. 0 1 2 3

41. Wissenschaft und Gesellschaft haben das Potenzial, für Fortschritt zu sorgen und die Zukunft effektiv zu gestalten. 0 1 2 3

42. Erfahrungen sind nützlich, aber meistens muss man die Erfahrung an neue Tatsachen und Informationen anpassen. 0 1 2 3

43. Erfolg im Leben stellt sich nur durch harte, konsequente Arbeit ein. 0 1 2 3

44. Wenn ich das Bedürfnis habe, zu weinen, dann schäme ich mich meiner Tränen nicht, auch nicht im Beisein anderer. 0 1 2 3

45. An Familienaufstellungen fasziniert mich, dass verborgene Geheimnisse und gebundene Energien auf fast magische Art und Weise erfahren werden können 0 1 2 3

46. Die Wirklichkeit ist noch viel offener als jede quantenphysikalische Erklärung. Sie ist ein unendlich offener Möglichkeitsraum. Grenzen werden nur durch unsere Gedanken, Gefühle, Worte oder Taten erzeugt. 0 1 2 3

47. Ich fühle mich sehr verbunden mit allen Menschen, auch mit anderen Kulturen 0 1 2 3

48. Als »Kind meiner Ahnenreihe« spüre ich manchmal, wie die Seelen meiner Vorfahren in einer geheimnisvollen Weise in mir fortwirken. 0 1 2 3

49. Ich halte jene Berufe für die wertvollsten, in denen Menschen ge-
holfen wird.   0 1 2 3

Auswertung: Schreiben Sie in der folgenden Tabelle Ihre Ergebnisse
(0, 1, 2, 3) neben die Nummer der jeweiligen Frage. Zum Schluss zäh-
len Sie die von Ihnen eingetragenen Zahlen in jeder Spalte zusammen und schreiben die jeweilige Summe in die farbige letzte Zeile.
Damit erhalten Sie für jede der sieben Farben einen Zahlenwert. Wo
der Wert am höchsten ist, da ist Ihr Bewusstsein derzeit energetisch
am stärksten ausgeprägt.

Purpur	*Rot*	*Blau*	*Orange*	*Grün*	*Gelb*	*Türkis*
4	5	1	2	3	8	6
7	11	10	12	9	22	13
14	15	16	18	21	27	17
33	20	19	23	28	30	24
37	25	26	29	44	39	31
45	32	36	41	47	40	35
48	34	38	43	49	42	46

Dieser Test gibt Ihnen – spielerisch – eine erste Orientierung über Ihre
derzeitige Persönlichkeitsstruktur – Sie sollten im gesunden Bereich
von allen Farben etwas haben. Wichtig ist, dass Sie die Wahrneh-
mungs- und Verstehensmöglichkeiten jeder Stufe als Bewältigungs-
hilfe für das Zurechtkommen in einer sich immer rascher verändernden Welt kreativ nutzen.

Anhang: Beispiel einer aktuellen Rede – mit integralem Unterton

Die verschiedenen Entwicklungsstufen (Spiral Dynamics) sind – jede für sich genommen – ein besonderer Beitrag zum Leben von uns Menschen, bis heute, obwohl jede von ihnen in einer spezifischen historischen Zeit entstand. In ihrer jeweiligen Entstehungszeit entwickelten sie jeweils wichtige neue Impulse und förderten zugleich gesellschaftliche Innovationen. Heute leisten sie alle – in ihrer jeweiligen »gesunden« Ausprägung – einen wertvollen Beitrag zur ganzheitlichen Entwicklung in der Gesellschaft. Was wir derzeit aber auch erleben: wenn heute Menschen einen Kerncode besonders in den Vordergrund stellen, dann vielfach auch aus einem Gefühl der Angst heraus, etwas ihnen Wesentliches zu verlieren.

Nach dem brutalen Attentat am 19. Dezember 2016 in Berlin konnte man innerhalb der ersten 24 Stunden an den Reaktionen auf das Attentat die unterschiedlichen Bedürfnisse dieser Kerncodes, die in unserem Land nebeneinander existieren, wahrnehmen.

- Menschen legten Blumen und Kerzen am Tatort ab, Gedenkgottesdienste fanden statt. *Dahinter steht das purpurne Meme mit seinem Bedürfnis nach Zugehörigkeit und Schutz und dem Wunsch, dem Unaussprechlichen einen stützenden Rahmen zu geben.*
- »Das sind Merkels Tote«, war aus Kreisen der AfD zu lesen. *Ausdruck für ein Agieren aus dem roten Meme mit seinem Anspruch nach Macht und Stärke, Respekt zu bekommen und das eigene Revier klar gegenüber anderen abzugrenzen.*
- Der Ruf von einigen Politikern nach schärferen Gesetzen und noch mehr Regelungen im Bereich der Flüchtlingspolitik. *Ein Impuls des blauen Memes mit dem Bedürfnis nach Sicherheit und verlässlichen Grenzen und Gesetzen für unser Land.*
- Viele Analysen und Hintergründe, die die Presse und einige politische Verlautbarungen zusammentrugen. *Das orange Meme, mit*

seiner Intention, zu verstehen und Zusammenhänge herzustellen so-
wie strategisch das Leben zu gestalten.

O Viele Interviews mit Menschen in Berlin, die bei aller Trauer und
dem Entsetzen über dieses Attentat betonten, dass es dennoch nicht
sein könne, sich von der Angst einfangen zu lassen. *Ihre Äußerun-*
gen kamen aus dem grünen Meme, mit seiner Sehnsucht nach Vielfalt,
Menschlichkeit und einem Leben im freiheitlichen Sinne.

Weil die Angst in solchen Extremsituationen so mächtig ist, war die
Rede der Bundeskanzlerin am Morgen nach dem Anschlag beeindru-
ckend. (Sie mögen zu ihr stehen wie auch immer, aber hier ist ihr ex-
emplarisch – im Sinne von Spiral Dynamics – eine sehr schöne integrale Rede gelungen). Ihr gelang es in knapp vier Minuten, die Fülle
der unterschiedlichen Sichtweisen und Kerncodes einzubinden. Sie
betonte den Wert unserer kulturellen Tradition des Weihnachtsfestes
und den damit verbundenen Ritualen (purpur), hob ihr aktives Handeln hervor in einer so schwierigen Lage für unser Land (rot), betonte
den Willen, mit der ganzen Härte des bei uns geltenden Gesetzes die
Täter zu bestrafen (blau), stellte die Sachkompetenz und die Zusammenarbeit mit Experten in den Vordergrund (orange), verurteilte diesen Angriff als Angriff auf unsere Freiheit und hob das Engagement
so vieler Menschen rund um das Flüchtlingsthema hervor, mit dem
dahinter stehenden Menschenbild der Menschlichkeit, die es zu bewahren gilt (grün). Merkel schaffte es durch Ansprechen der Vielfalt
von Bedürfnissen, genau dadurch eben gerade nicht das Thema Angst
zu schüren oder Schuld zuzuweisen.

Die so vielfältigen, unterschiedlich motivierten Reaktionen auf ein Ereig-
nis haben verdichtet sichtbar gemacht, welches Spektrum an Werten es in
unserem Land gibt. In Zukunft wird es darum gehen, diese Vielfalt für neue
Lösungen zu nutzen, statt sie als Problem abschaffen zu wollen.

(Zusammenfassung eines Artikels von Ingrid Schneider, in: Integrale Per-
spektiven, Feb. 2017)

Lightning Source UK Ltd.
Milton Keynes UK
UKHW011033101121
393736UK00011B/761

9 783753 450810